고득점 합격의 지름길

사회

행복한 상상, 바른교육

정훈사

자료 출처 : 한국교육과정평가원(http://www.kice.re.kr)
서울특별시 교육청(http://www.sen.go.kr)

머리말

시작이 반이다.

무엇이든지 시작한다는 것은 매우 중요합니다.

그동안 여러 사정으로 배움의 길에서 멀어졌던 수험생 여러분에게 다시 공부한다는 것은 매우 힘들고 두려울 수도 있습니다. 그러나 앞으로의 자기 발전을 위해서는 지금 시작해야 한다는 결심이 중요합니다.

사회 과목은 지리, 정치, 법, 경제, 사회, 문화, 역사에 이르기까지 다양한 세부과목을 포함하고 있기 때문에 학습 범위가 넓으며 공부할 양이 많은 과목입니다. 따라서 각 세부과목의 특징을 파악하여 핵심 기본 개념을 파악하는 것이 중요합니다. 무엇보다 다양한 세부과목 사이에서 한쪽으로 치우치거나 한편을 소홀히 하지 않도록 하는 것이 중요합니다. 이 책의 특징은 다음과 같습니다.

> 첫째, 새롭게 개정된 교육과정을 반영하고, 교과 내용을 빈틈없이 분석하여 구성한 최신간입니다.
>
> 둘째, 단원마다 중요 개념과 원리를 보다 쉽고 정확하게 이해할 수 있도록 교과 내용을 체계적이고 논리적으로 정리하였습니다.
>
> 셋째, 학습 내용을 바로 확인할 수 있도록 문제를 구성하고 어려운 내용을 보다 쉽게 이해할 수 있도록 해설하였습니다.
>
> 넷째, 기출문제를 분석하여 자주 출제되는 유형을 체크하고 문제마다 꼼꼼한 해설을 붙였습니다. 그리고 문제 해결력과 응용력을 길러 주는 단원 마무리 문제를 구성, 문제의 유형을 파악할 수 있도록 하였습니다.

새롭게 시작하는 수험생 여러분에게 이 책이 조금이라도 도움이 되어 합격의 영광이 있기를 바랍니다.

편저자일동

시험안내

1. 고시일정

회 차	공고일	접수일	시험일	합격자 발표
제1회	1월 말 ~ 2월 초	2월 초 ~ 중순	4월 초 ~ 중순	5월 중순 ~ 말
제2회	5월 말 ~ 6월 초	6월 초 ~ 중순	7월 말 ~ 8월 초	8월 말

2. 고시과목(6과목)

① 필수 4과목 : 국어, 사회, 수학, 과학

② 선택 2과목 : 도덕, 체육, 음악, 미술, 실과, 영어

3. 응시자격

① 검정고시가 시행되는 해의 전(前)년도를 기준으로 만 11세 이상인 사람으로서 초등학교 교육과정을 이수하지 아니한 사람

② 초등학교(특수학교 포함) 재학생 중 만 11세 이상인 사람으로서 학적이 정원 외로 관리되는 사람

③ 보호소년 등의 처우에 관한 법률 시행령 제69조 제1호에 해당하는 사람

4. 응시자격 제한

① 초등학교를 졸업한 사람

② 초등학교(특수학교 포함) 재학 중인 사람

③ 공고일 이후 초등학교(특수학교 포함)에 재학 중 학적이 정원 외로 관리되는 사람

④ 공고일 기준으로 고시에 관하여 부정행위를 한 사람으로서 처분일부터 응시자격 제한기간이 경과되지 아니한 사람

초졸 검정고시 **사회**

5. 제출서류(현장접수)

① 응시원서(소정서식) 1부
② 동일한 사진 2매(탈모 상반신, 3.5cm×4.5cm, 3개월 이내 촬영)
③ 본인의 해당 최종학력증명서 1부
   • 졸업(졸업예정)증명서(소정서식)
   • 초등학교 및 중학교 의무교육 대상자 중 정원 외 관리대상자는 정원 외 관리증명서
   • 초등학교 및 중학교 의무교육 대상자 중 면제자는 면제증명서(소정서식)
   • 평생교육법 제40조, 초・중등교육법 시행령 제96조제1항제2호 및 제97조제1항제3호에 따른 학력인정 대상자는 학력인정(증명)서
   • 합격과목의 시험 면제를 원하는 사람은 과목합격증명서 또는 성적증명서
④ 신분증 : 주민등록증, 외국인등록증, 운전면허증, 대한민국 여권, 청소년증 중 하나
⑤ 추가 제출 서류
   • 장애인 편의제공 대상자는 복지카드 또는 장애인등록증 사본(원본 지참), 장애인 편의제공 신청서, 상이등급 표시된 국가유공자증(국가유공자확인원)
   • 과목면제 해당자 중 평생학습계좌제가 평가 인정한 학습과정 중 시험과목에 관련된 과정을 90시간 이상 이수한 사람은 평생학습이력증명서

6. 출제형태

① 출제유형 : 객관식 4지 선다형
② 문항수 및 배점 : 각 과목별 20문항, 1문항당 5점
③ 출제범위 : 2015 개정 교육과정
④ 합격점수 : 각 과목을 100점 만점으로 하여 평균 60점 이상
   ※ 평균이 60점 이상이라 하더라도 결시과목이 있을 경우에는 불합격 처리함

시험에 관한 자세한 사항은 해당 시・도 교육청 홈페이지에서 시험공고문을 확인하시기 바랍니다.

차 례

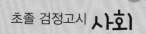

초졸 검정고시 **사회**

CHAPTER 04

사회 · 문화 ─────────────────────

CHAPTER 05

역 사 ─────────────────────

이 책의 구성

학습 point⁺

기출문제를 바탕으로 반드시
학습해야 할 이론과 출제 빈도가
높은 단원을 분석하여 미리
학습 방향을 제시했어요.

바로로 확인 ▶▶

학습한 이론이 실제 어떻게
출제되는지 확인할 수 있도록
기출 문제를 바로 실었으니
내 실력을 바로 확인해 보세요.

중요⁺

시험에 자주 나오는
중요 이론을 요약하고
표시를 했어요.
이것만은 꼭! 알아두세요.

더 알아두기

본문에 나오는 내용을
좀 더 깊이 있게 설명하였으니,
가벼운 마음으로 읽어보세요.

콕! 짚어주는 핵심정리

공부한 내용을 복습할 수
있도록 구성했어요.
같은 내용이 반복되더라도
꼭 읽어두세요.

실전 예상 문제

기출문제를 꼼꼼하게 분석해
자주 나오는 문제를 선별하여
예상문제와 함께 실었으니,
이젠 내것으로 만들어보세요.

단원 마무리 문제

단원마다 배운 내용을 잊지 않도록
단원 마무리 문제를 수록하였으니 차근차근
풀어 보면서 실제 시험에 대비하세요.

Chapter

01

지리

Chapter 01 지리

학습 point⁺ 우리 고장의 모습에 대해 이해하고, 교통수단과 통신 수단의 발달, 환경에 따라 다른 삶의 모습, 지도로 본 우리 지역, 세계지도와 지구본에 관한 문제가 자주 출제되며, 이와 함께 촌락과 도시의 생활 모습을 비교하고 그 내용을 숙지하고 정리해야 한다. 또한 우리 국토의 자연·인문 환경과 생활, 세계 여러 나라의 자연환경과 기후에 대한 내용도 반드시 학습해야 한다.

01 우리 고장과 환경에 따라 다른 삶의 모습

1 우리 고장의 모습

(1) 우리 고장의 여러 장소

① 고장 : 사람들이 모여 사는 지방이나 지역을 말한다.

② 고장의 여러 장소 : 학교, 도서관, 시장, 마을 뒷산 등

(2) 하늘에서 내려다본 고장의 모습

① 다양한 위치에서 찍은 사진 : 바라보는 위치와 거리에 따라 그 모습이 달라진다.

② 인공위성 사진 : 우주에서 찍었기 때문에 어떤 장소의 위치를 쉽게 알 수 있다.

→ 다양한 크기의 면적을 볼 수 있으며, 고장을 자세하고, 폭넓게 볼 수도 있다.

③ 디지털 영상 지도

　㉠ 장점

　　ⓐ 고장의 모습을 생생하게 볼 수 있고, 위치를 쉽게 알 수 있다.

　　ⓑ 스마트폰이나 컴퓨터 등의 기기에서 쉽게 이용할 수 있다.

　　ⓒ 고장의 전체적인 모습과 자세한 모습을 비교해 볼 수 있다.

　㉡ 단점 : 인터넷을 연결해야 다양한 기능을 사용할 수 있다.

　㉢ 기능 : 위치 찾기, 확대와 축소, 이동, 다른 종류의 지도로의 변환 등

용어설명 디지털 영상 지도 : 인공위성 사진을 이용해 만든 지도

④ 백지도

　　㉠ 지형의 기본적인 윤곽과 경계를 그려 놓고, 다른 세부적인 것은 직접 기록할 수 있도록 한 지도이다.

　　㉡ 주로 지도 제작 작업이나 지리 교육용으로 사용되고, 나라나 지역별 통계, 상황 등을 표시하는 데 이용된다.

　　㉢ 지도의 윤곽, 경계, 산, 하천, 도시, 철길, 주요 시설 등은 표시하지만 글자는 쓰지 않는다.

　　㉣ 백지도에 필요한 내용을 그려 넣으면 관광도, 일기도, 기후도, 인구 분포도, 역사 지도, 교통도, 항공도, 토지이용도 등을 만들어 사용할 수 있다.

(3) 우리 고장의 문화유산

① 문화유산 : 조상들의 문화 중에서 다음 세대에 물려줄 만한 가치가 있는 것이다.

② 문화유산의 종류

　　㉠ 유형 문화유산 : 건조물, 공예품 등 일정한 형태를 갖춘 것　⑩ 숭례문, 원각사지 10층 석탑, 성덕 대왕 신종 등

　　㉡ 무형 문화유산 : 노래나 춤, 기술처럼 일정한 모양은 없으나 문화·역사적으로 가치가 뛰어난 것　⑩ 탈춤, 가야금 병창, 전통장 등

③ 문화유산을 조사하는 방법

　　㉠ 고장의 문화유산 안내도, 관광 안내도, 인터넷 지도 등 활용하기

　　㉡ 문화유산 답사하기

　　㉢ 문화재청 또는 시·군·구청 누리집 방문하기

　　㉣ 고장의 문화원이나 박물관 등을 방문해 문화관광 해설사와 면담하기

④ 문화유산 소개

　　㉠ 책자 만들기 : 많은 종류의 문화유산을 소개할 수 있다.

　　㉡ 신문·뉴스 만들기 : 다양한 내용을 소개할 수 있다.

　　㉢ 박물관·사진전 꾸미기 : 직접 찍은 사진으로 생생하게 소개할 수 있다.

　　㉣ 문화관광 해설사 되어보기 : 박물관 안내책자 등을 활용하여 재미있게 소개할
　　　수 있다.

　⑤ 문화유산이 소중한 까닭

　　㉠ 조상들에게 물려받았기 때문이다.

　　㉡ 우리의 역사와 조상들의 정신이 담겨있기 때문이다.

2 교통수단의 발달과 생활 모습의 변화

(1) 옛날 교통수단

　① 교통수단

　　㉠ 땅에서 이동 : 말, 가마, 당나귀, 인력거, 수레, 소달구지 등

　　㉡ 물에서 이동 : 뗏목, 돛단배 등

　② 특징

　　㉠ 장점 : 환경오염이 없다.

　　㉡ 단점 : 힘이 많이 들고, 시간이 오래 걸림, 여러 사람이 함께 이용하거나, 많은
　　　물건을 한 번에 옮기기 어렵다.

 더 알아두기

고장의 문화유산 조사·답사하기

• 답사과정
　답사의 목적 정하기 → 답사할 장소와 날짜 정하기 → 답사 장소에서 조사할 내용 정하
　기 → 답사 방법과 준비물 정하기 → 답사하기 → 답사 결과를 정리해 발표 자료 만들기

• 답사하면 좋은 점
　－ 직접 눈으로 볼 수 있어 생생한 지식을 얻을 수 있다.
　－ 답사 전에 사전조사를 하면 더 많은 정보를 얻을 수 있다.
　－ 문화관광 해설사의 설명을 들으면서 답사하면 이해하기 쉽다.

(2) 오늘날 교통수단

① 오늘날의 교통수단 : 기차, 승용차, 버스, 비행기, 전철, 자전거, 배 등

② 특징 : 먼 곳까지 빠르고 편하게 이동할 수 있고, 한 번에 많은 사람과 물건을 실어 나를 수 있음, 교통수단이 다양하다.

(3) 교통수단의 발달로 달라진 생활 모습

① 고장의 모습 : 다른 지역으로 갈 수 있는 길이 많아짐, 다양한 시설이 들어서고, 새로운 직업이 생겼다.

② 생활 모습 : 먼 곳으로 빠르고 편리하게 갈 수 있고, 무거운 짐을 한 번에 옮길 수 있게 되었다.

(4) 고장의 환경에 따라 다른 교통수단

① 모노레일 : 가파른 길을 오르내리거나 수확한 농작물을 운반할 때 이용한다.

② 지프 택시 : 길이 가파르고 겨울에 눈이 많이 오는 지역에서 이용한다.

③ 경운기 : 주로 농촌 지역에서 무거운 농기구나 농산물을 운반할 때 이용한다.

④ 케이블카 : 산이나 높은 곳을 쉽고 빠르게 오르내릴 때 이용한다.

⑤ 갯배 : 바다를 사이에 두고 떨어진 두 마을을 오갈 때 이용한다.

⑥ 카페리 : 사람과 함께 자동차를 배에 실어 섬이나 육지로 운반하기 위해 이용한다.

(5) 미래의 생활 모습

① 교통수단 : 전기 자동차, 자율 주행 자동차, 하늘을 나는 자동차, 로봇형 이동 수단 등

② 생활 모습 : 환경오염이 줄어들고, 안전하고 빠르게 이동할 수 있다.

3 통신 수단의 발달과 생활 모습 변화

(1) 옛날 통신 수단

① 평상시 통신 수단 : 서찰, 파발, 방 등

② 전쟁 상황에서 이용했던 통신 수단 : 새, 북, 봉수, 신호연 등

용어설명 통신 수단 : 정보를 전달하려고 사용하는 방법이나 도구

(2) 오늘날 통신 수단

① 통신 수단 : 휴대 전화, 인터넷, 소포나 전보, 팩시밀리, 텔레비전, 인공위성 등

② 통신 수단의 특징

ㄱ 여러 사람에게 정보를 실시간으로 빠르게 전달할 수 있다.

ㄴ 한번에 많은 양의 정보를 주고받을 수 있다.

ㄷ 여러 사람과 동시에 연락할 수 있다.

ㄹ 하나의 기계로 다양한 통신 방법을 이용할 수 있다.

(3) 생활 장소나 하는 일에 따라 달라지는 통신 수단

① 생활 장소에 따라

ㄱ 농촌의 주택 : 마을 방송

ㄴ 도시의 아파트 : 인터폰

 알아두기

옛날 사람들의 통신 수단

- 서찰 : 사람이 시켜 편지를 주고 받음
- 파발 : 사람이 직접 말을 타고 가서 소식을 전함
- 방 : 많은 사람이 볼 수 있도록 글을 써서 붙임
- 북 : 많은 사람들이 들을 수 있게 북을 크게 침
- 봉수 : 밤에는 횃불, 낮에는 연기를 피워 나라의 긴급 상황을 알림
- 신호연 : 연의 무늬로 암호를 정하여 적이 알지 못하게 신호를 보냄

② 하는 일에 따라

  ㉠ 선생님 : 메신저

  ㉡ 경찰관, 소방관 : 무전기

  ㉢ 할인점 직원 : 무선 마이크 등

(4) 통신 수단의 발달로 달라진 생활 모습

① 직접 보기 어려운 것들을 컴퓨터 영상 자료로 볼 수 있고, 컴퓨터를 이용해 자료를 주고받을 수 있다.

② 휴대 전화로 동영상을 보거나 집에서 물건을 살 수 있다.

③ 화상 통화로 먼 곳에 있는 사람의 안부를 주고받거나 회의를 할 수 있다.

(5) 미래의 생활 모습

① 미래의 통신 수단 : 다양한 사물에 무선 인터넷이 적용되어 사람들의 생활이 더욱 편리해진다. 예 스마트 카, 건강을 관리해 주는 기계 등

② 달라질 미래의 생활 모습

  ㉠ 더욱 편리하고, 쉽고 빠르게 정보를 전할 수 있다.

  ㉡ 몸이 아파도 빠르게 대처할 수 있다.

4 환경에 따라 다른 삶의 모습

(1) 환경의 종류

① **자연환경** : 우리를 둘러싸고 있는 모든 것 중 사람이 만들지 않은 자연 그대로의 것
   예 산, 들, 하천, 계곡, 강, 바다 등과 같은 지형이나 바람, 비, 눈, 태양과 같은 기후

② **인문 환경** : 인간의 의지와 노력에 의해 이루어진 환경 **예** 논, 밭, 과수원, 다리, 항구, 도로 등

(2) 지형에 따른 고장 사람들의 생활 모습

구분	내용	생활 모습
산지	평지보다 높이 솟아오른 땅을 '산'이라고 하며, 산이 여러 개 줄기처럼 이어지면 '산맥', 산들이 모여 있는 곳은 '산지'라고 한다.	• 약초를 캐거나 벌을 기른다. • 버섯을 재배하고, 공원이나 등산로를 만들어 이용한다.
평야	하천 주변의 넓고 평탄한 땅, 농사짓기가 좋아서 많은 사람들이 모여 산다.	• 논농사를 짓는다. • 도로와 아파트, 큰 건물 등을 지어 이용한다.
하천	빗물과 지하수가 낮은 곳으로 흘러가면서 만든 물줄기이다.	• 하천의 물을 생활용수와 공업용수로 이용한다. • 도로와 다리를 놓기도 한다. • 하천 주변에 공원을 만들어 산책하거나 운동하는 곳으로 이용한다.
해안	바다와 맞닿은 육지 부분, 갯벌이 나타나거나 모래사장이 있는 곳도 있다.	바다에서 물고기를 잡거나 염전을 만들어 소금을 얻는다.
섬	바다로 둘러싸인 땅이다.	

용어 설명 ▶ **지형** : 산지, 평야, 하천, 해안, 섬 등과 같은 땅의 생김새

(3) 계절에 따른 사람들의 생활 모습

구분	특징	생활 모습
봄	건조하고 따뜻하지만, 꽃샘추위와 황사 현상이 일어난다.	산이나 공원으로 꽃구경을 간다.
여름	기온이 매우 높고 습기가 많으며, 장마 때 비가 많이 온다.	에어컨이나 선풍기를 사용하고, 물놀이를 한다.
가을	맑은 날씨가 계속되며, 높고 푸른 하늘을 자주 볼 수 있다.	단풍 구경하러 산에 가고, 곡식이나 열매를 수확한다.
겨울	찬바람이 불어 날씨가 매우 춥고, 눈이 내린다.	난로나 온풍기를 사용하고, 얼음낚시를 가거나 스키·눈썰매를 탄다.

(4) 고장 사람들의 일

① 들이 있는 곳 : 주로 들에서 벼농사를 짓거나, 회사에서 일을 한다.

② 산이 있는 곳 : 주로 과수원에서 과일을 재배한다.

③ 바다가 있는 곳 : 주로 바다에서 잡은 고기를 사고팔거나, 양식을 한다.

(5) 여가 생활 모습

자연환경 이용	캠핑, 등산, 낚시, 래프팅, 물놀이, 단풍 구경 등
인문 환경 이용	산책, 야구, 축구, 영화 보기, 볼링 치기, 책 읽기, 유물 관람, 놀이 기구 타기 등

5 환경에 따른 의식주 생활 모습

(1) 의생활 모습

① 고장의 계절과 날씨에 따라 의생활 모습이 차이가 난다.

② 우리나라의 의생활

여름	더위를 피하기 위해 바람이 잘 통하는 소재로 만든 옷을 입거나 햇볕을 막는 모자를 쓰기도 한다.
겨울	추위를 막으려고 두꺼운 옷을 입고, 장갑을 끼거나 목도리를 두르기도 한다.

③ 세계의 의생활

캐나다	춥고 눈이 많이 오기 때문에 동물의 털과 가죽으로 만든 두꺼운 옷을 입고, 발목까지 감싸는 부츠를 신는다.
페루	낮과 밤의 기온차가 크기 때문에 낮의 뜨거운 햇볕을 막고 밤의 추위를 견디기 위해 망토와 긴 옷을 걸치고 모자를 쓴다.
사우디아라비아	사막의 뜨거운 햇볕과 모래바람을 막기 위해 긴 옷을 입고, 머리에 천을 둘러 감는다.
베트남	덥고 비가 많이 내리기 때문에 바람이 잘 통하는 긴 옷을 입고, 챙이 넓은 모자를 쓴다.

(2) 식생활 모습

① 날씨가 덥고 습한 고장 : 바나나, 망고, 파인애플과 같은 열대 과일을 이용한 음식이 많다.

② 바다로 둘러싸인 고장 : 생선을 이용한 음식이 많다.

③ 산지가 있는 고장 : 젖소를 많이 키워 여러 종류의 치즈를 이용한 음식이 많다.

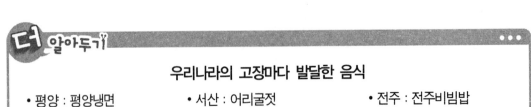

더 알아두기

우리나라의 고장마다 발달한 음식

• 평양 : 평양냉면   • 서산 : 어리굴젓   • 전주 : 전주비빔밥
• 영월 : 감자옹심이   • 안동 : 간고등어   • 제주 : 옥돔구이

(3) 주생활 모습

① 고장의 계절과 날씨, 땅의 생김새에 따라 주생활 모습이 다양하다.

② 우리나라의 과거 주생활

터돋움집	여름철 홍수로 집이 물에 잠길 위험이 있는 고장에서는 땅 위에 터를 돋우어 높은 곳에 집을 지었다.
우데기집	겨울철 눈이 많이 내리는 고장에서는 눈이 많이 와도 집 안을 자유롭게 다닐 수 있도록 우데기와 같은 벽을 만들었다.
너와집	나무를 쉽게 구할 수 있는 지역의 고장에서는 나뭇조각으로 지붕을 얹은 집을 지었다.

③ 세계의 주생활

이즈바 (러시아)	추운 고장에 사는 사람들은 주변 숲에서 쉽게 구할 수 있는 통나무로 집을 지었다.
동굴집 (터키)	화산 폭발이 있었던 고장에서는 화산 폭발로 만들어진 단단하지 않은 바위의 속을 파서 집을 지었다.

용어 설명 의식주 : 사람이 살아가는 데 기본적으로 필요한 것으로 입을 옷과 먹을 음식, 자거나 쉴 수 있는 집을 통틀어 이르는 말이다.

6 지도로 본 우리 지역

(1) 위치와 영역

① 위치 : 무엇이 어디에 있는지를 가리키는 말

② 영역 : 무엇의 경계가 어디까지인지를 가리키는 말

용어 설명 지도 : 실제 세계를 일정하게 줄여서 나타낸 것으로, 우리 지역의 위치와 영역을 찾아볼 수 있다.

(2) 방위 중요+

① 평면 위의 한 점을 기준으로 하여 나타내는 어떠한 한쪽의 위치를 말한다.

② 지도에서는 방위표로 나타낸다. 방위표가 없으면 지도의 위쪽이 북쪽, 아래쪽이 남쪽, 오른쪽이 동쪽, 왼쪽이 서쪽이다.

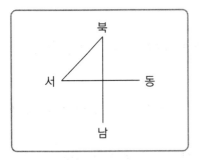

[4방위표]

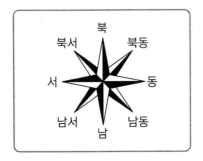

[8방위표]

바로로 확인 »

지도에서 학교를 기준으로 북쪽에 위치한 것은?

① 공원   ② 시장
❸ 시청   ④ 우체국

더 알아두기

지도에서 사용되는 기호 중요⁺

기호	내용	기호	내용	기호	내용
凸	학교	✚	병원	⎪⎪⎪⎪	밭
卍	절	◀✕▶	우체국	○○○	과수원
☼	등대	╬╬╬	철도	ㅛㅛ	논
▲	산	∴	명승고적	⧵⧵⧵	온천

※ 기호와 범례

• 기호 : 지도에서 미리 약속된 기호를 사용하여 산·강·건물 등을 간단하게 나타낼 수 있다.

• 범례 : 여러 가지 기호들을 모아놓은 것으로 지도에서 나타내는 정보를 좀 더 쉽고 정확하게 알 수 있다.

(3) 축척

① 뜻 : 지도에서 실제 거리를 줄인 정도를 말한다.

② 소축척 지도와 대축척 지도

구분	소축척 지도	대축척 지도
특징	• 실제 거리를 많이 줄여 더 넓은 지역을 간략하게 보여 주는 지도 ⑩ 우리나라의 행정 구역도 • 우리 지역의 위치를 파악할 수 있음	• 실제 거리를 조금 줄여 더 좁은 지역을 자세하게 보여 주는 지도 ⑩ 우리 지역의 행정 구역도 • 우리 지역의 영역을 파악할 수 있음
비율	1:2,500,000	1:25,000
장점	전체와 부분의 관계를 살펴볼 수 있음	우리 지역과 지역 주변을 자세하게 살펴볼 수 있음
단점	지역에 대한 자세한 정보가 부족함	전체와 부분의 관계를 살펴보기 어려움

[소축척 지도]

[대축척 지도]

③ 축척을 이용하여 실제 거리 구하기

　　㉠ 실제 거리는 지도에서 두 지점 간의 거리와 축척을 알면 구할 수 있다.

　　㉡ 실제 거리를 구하는 방법

> 두 지점 간의 실제 거리 = 지도에서 두 지점 간의 거리 × 지도에서 1cm의 실제 거리

　　㉢ 축척이 1 : 200,000인 지도에서 두 지점 간의 거리가 2cm일 때의 실제 거리 구하기

　　　ⓐ 지도에서 1cm의 실제 거리 : 2km

　　　ⓑ 두 지점 간의 실제 거리 :
　　　　2cm × 2km = 4km

> **바로바로 확인 ▶▶**
>
> 지도에서 실제 거리를 줄인 정도를 나타내는 용어는?
>
> ① 기호　　　　② 방위
> ③ 장소　　　　❹ 축척

(4) 지도에서 땅의 높낮이를 나타내는 방법　중요⁺

① 색깔로 나타내기

　　㉠ 높이에 따라 낮은 곳에서 높은 곳으로 갈수록 초록색, 노란색, 갈색, 고동색 순으로 표현한다.

　　　ⓐ 평야, 들 : 초록색

　　　ⓑ 산 : 노란색 → 갈색 → 고동색(높은 곳)

　　　ⓒ 강, 바다 : 파란색

　　㉡ 높이가 높을수록 고동색이 진하다.

> **바로바로 확인 ▶▶**
>
> 지도에서 땅의 높낮이를 나타낼 때 가장 낮은 곳을 나타내는 색깔은?
>
> ❶ 초록색　　　② 노란색
> ③ 갈색　　　　④ 고동색

② 등고선으로 나타내기 중요⁺

　ⓐ 등고선 : 바다의 수면을 기준으로 높이가 같은 곳을 선으로 이은 것을 말한다.

　ⓑ 등고선의 바깥쪽에서 안쪽으로 갈수록 높은 곳을 나타낸다.

　ⓒ 등고선의 간격이 좁을수록 경사가 급하고, 간격이 넓을수록 경사가 완만하다.

용어 설명 ▶ 등심선 : 지도에서 바다의 깊이를 나타내는 것

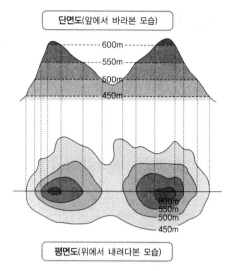

(5) **생활에서 사용하는 다양한 지도** : 약도, 안내도, 도로 교통 지도, 지하철 노선도 등이 있다.

7 세계 지도와 지구본 중요⁺

(1) 세계 지도와 지구본

구분	세계 지도	지구본
뜻	둥근 지구 표면의 모습을 평면으로 나타낸 것	둥근 지구를 아주 작게 줄여서 지구와 비슷한 모양으로 만든 것
장점	전 세계를 한눈에 볼 수 있음	세계 여러 나라의 위치, 거리, 면적 등과 같은 정보를 비교적 정확하게 표현함
단점	대륙, 바다의 모양, 거리가 실제와 다름	전 세계를 한눈에 보기 어려움
활용	세계 각 지역의 기후, 인구, 산업 등을 나타낸 주제도를 만들어 이용함	두 지점 간의 거리를 잴 수 있음

(2) 위도와 경도

① **위도** : 적도를 기준으로 북쪽은 북위, 남쪽은 남위라고 한다.

　✎ 각각 90° 로 나누어 북쪽과 남쪽의 위치를 나타냄

② **경도** : 본초 자오선을 기준으로 동쪽은 동경, 서쪽은 서경이라고 한다.

　✎ 각각 180° 로 나누어 동쪽과 서쪽의 위치를 나타냄

③ **적도** : 위도 0°인 위선으로, 지구의 북극과 남극으로부터 같은 거리에 있는 지구 표면의 점을 연결한 선이다.

④ **본초 자오선** : 경도 0°인 경선으로, 지구의 북극과 남극, 런던의 그리니치 천문대를 통과하는 선이다.

> **용어설명** 경선과 위선은 지구본과 지도에서 위치를 쉽게 찾기 위해 사용한다.
> 경선 : 지구본과 세계 지도 위에 그어진 세로 방향의 선
> 위선 : 가로 방향의 선

8 우리 지역의 중심지

(1) 중심지

① 사람들이 어떤 일이나 활동을 하기 위해 많이 모이는 곳을 말한다.

② **시설** : 군청이나 구청, 시장, 버스 터미널, 우체국, 은행, 병원 등

③ **특징**

　㉠ 다양한 편의 시설이 모여 있다.

　㉡ 다양한 물건을 편리하게 사거나 팔 수 있다.

　㉢ 교통이 편리해 사람들이 오고 가기 쉬운 곳에 위치한다.

(2) 여러 중심지

행정의 중심지	지역 사람들이 행정 업무를 처리하려고 모인다.
관광의 중심지	역사 유물 등을 직접 보려는 사람들이 찾아온다.
상업의 중심지	필요한 물건을 사고팔려고 모인다.
산업의 중심지	회사나 공장에서 일하려고 사람들이 모인다.

9 촌락과 도시

(1) 촌락

① 시골에 가면 볼 수 있는 작은 마을이다.

② 구분 : 주변의 환경과 생활 모습에 따라 농촌, 어촌, 산지촌

③ 특징

　㉠ 농촌, 어촌, 산지촌처럼 자연환경을 주로 이용하여 살아가는 지역이다.

　㉡ 자연환경의 영향을 많이 받기 때문에 계절이나 날씨에 따라 생활 모습이 달라진다.

④ 촌락의 생활 모습 중요+

농촌	• 평야 지역에서 많이 볼 수 있다. • 넓게 펼쳐진 논과 밭이 있다. • 주변에 하천이 있다. • 집들이 모여 있다.	 논농사 [농촌의 생활 모습]
어촌	• 바닷가에 자리 잡고 있다. • 주로 고기를 잡거나 양식을 한다. • 갯벌, 백사장이 넓게 펼쳐져 있다. • 여름철에는 시원한 바다를 찾아오는 사람들로 붐빈다. • 집들이 바닷가 주변에 자리 잡고 있다.	 고기잡이　양식 [어촌의 생활 모습]
산지촌	• 산간 지역에 자리 잡고 있다. • 산비탈에는 밭이나 계단식 논이 있다. • 밭농사를 짓거나 버섯을 재배한다. • 산에서 나는 약초를 채취한다. • 공기가 맑고 자연이 아름다워 산림욕장, 스키장 등 관광지로 개발되는 곳이 많다. • 집들이 흩어져 있다.	 목축　고랭지 채소 재배 [산지촌의 생활 모습]

⑤ 촌락의 변화 모습

　　㉠ 현대식 집(양옥집)이 많아졌다.

　　㉡ 도로가 정비되어 교통이 편리해졌다.

　　㉢ 농기계(경운기, 트랙터 등)를 이용하여 농사를 짓는다.

　　㉣ 귀농 인구가 증가하고 있다.

　　㉤ 지역의 특색을 살린 지역 축제를 열어 지역의 문화를 널리 알리고 있다.

　　㉥ 지역의 특성에 맞는 특화 작물을 재배한다.

⑥ **촌락의 발전 사례** : 농공 단지 조성, 특화 산업, 친환경 농업, 지역 축제, 생태 마을 조성

(2) 도시

① 한 지역의 정치, 경제, 문화의 중심지로 사람이 많이 사는 지역이다.

② 특징

　　㉠ 교통 시설과 문화 시설이 발달해 있다.

　　㉡ 고층 건물이나 주택, 상점 등이 많다.

　　㉢ 다양한 일자리가 있고, 자연환경과 인문 환경이 좋은 곳에 자리 잡고 발달한다.

> **바로로 확인 ▶▶**
>
> **다음 설명과 밀접한 관계가 있는 지역은?**
>
> • '갯벌 체험' 장소를 개발하였다.
> • '수산물 축제'를 열었다.
> • 그 외 지역 발전을 위해 노력을 한다.
>
> ① 농촌　　　　② 산지촌
> ③ 도시　　　　❹ 어촌

(3) 촌락과 도시의 공통점과 차이점

구분	촌락	도시
인구	• 인구가 적고 인구 밀도도 낮다. • 유년층, 노년층의 비율이 높다.	• 인구가 많고 인구 밀도도 높다. • 청장년층의 비율이 높다.
교통	도시에 비해 교통이 발달하지 않았다.	교통 시설(공항, 기차역, 버스, 지하철 등)이 발달하였다.
산업	1차 산업(농업, 어업, 임업, 축산업)	도매 및 소매업, 서비스업, 제조업
문화 시설	자연환경을 이용한 문화 시설이 발달하였다. ⓔ 스키장, 산림욕장 등	문화 시설이 발달하였다.

(4) 촌락과 도시의 문제와 해결 중요⁺

① 촌락

구분	문제	해결 방안
주택	빈집 증가	주택 재보수 공사
교통	교통수단 및 교통 시설 부족	버스 노선과 운행 수 늘리기
환경	• 농약, 축사 폐기물 등으로 인한 수질 오염 • 폐비닐, 농약병, 축사 폐기물 등으로 인한 토양 오염	각종 폐기물의 체계적인 수거

② 도시

구분	문제	해결 방안
주택	• 주택 부족 • 주택 및 전세 가격 상승	• 고층 아파트 건설 • 주택 지구 재개발 • 신도시를 건설하여 대도시 인구 분산
교통	• 교통 체증 발생 • 주차 공간 부족 • 교통사고 발생률 증가	• 도로 건설 • 승용차 요일제 실시 • 지하철 건설 • 버스 전용 차로제 시행 • 대중교통 이용 홍보
환경	• 자동차 배기가스, 공장 매연 등으로 인한 대기 오염 • 생활 하수, 공장 폐수 등으로 인한 수질 오염 • 생활 쓰레기, 공장 폐기물 등으로 인한 토양 오염 • 공장, 자동차, 비행기 등으로 인한 소음 문제	• 하수 처리 시설 확대 • 쓰레기 처리 시설 확충 • 쓰레기 분류 배출하기 • 재생 가능한 에너지(태양열, 조력, 풍력 등)와 천연가스 사용

(5) 함께 발전하는 촌락과 도시

① 교류의 뜻과 필요성

ⓒ 뜻 : 서로 다른 개인, 지역, 나라 사이에서 물건이나 문화, 사상 등을 주고 받는 것이다.

ⓒ 교류를 하는 이유

ⓐ 지역마다 생산되는 물건이 다르고, 기술 수준이 다르기 때문이다.

ⓑ 각자의 문화를 알리기 위해서이다.

바로 확인 ▶▶

다음 설명과 가장 관계 깊은 도시 문제는?

• 도로의 부족   • 자동차의 증가
• 주차장 시설 부족

① 자녀 교육 문제   ② 주택 문제
③ 환경 문제   ❹ 교통 문제

교류의 예

• 도시에 사는 사람들이 촌락에서 생산된 농산물, 수산물, 축산물을 사 먹는 것

• 촌락에 사는 사람들이 도시에 있는 다양한 문화 시설을 이용하는 것

• 공부나 일을 하기 위해서 다른 지역으로 이동하는 것

✚ 도시와 촌락 간에 교류하는 모습 : 농수산물 직거래 장터, 자매결연, 관광 및 생태 체험, 도로 건설

01 우리 고장과 환경에 따라 다른 삶의 모습

01 고장은 사람들이 모여 사는 지방이나 지역이다.

02 우주에서 찍었기 때문에 어떤 장소의 위치를 쉽게 알 수 있는 것은 인공위성 사진이다.

03 백지도는 지형의 기본적인 윤곽과 경계를 그려 놓고, 다른 세부적인 것은 직접 기록할 수 있도록 한 지도이다.

04 인문 환경이란 인간의 의지와 노력에 의해 이루어진 환경이다.

05 빗물과 지하수가 낮은 곳으로 흘러가면서 만든 물줄기는 하천이다.

06 의식주란 사람이 살아가는 데 기본적으로 필요한 것으로 입을 옷과 먹을 음식, 자거나 쉴 수 있는 집을 이르는 말이다.

07 영역은 무엇의 경계가 어디까지인지를 가리키는 말이다.

08 방위는 평면 위의 한 점을 기준으로 하여 나타내는 어떠한 한쪽의 위치를 말한다.

09 범례는 여러 가지 기호들을 모아놓은 것으로 지도에서 나타내는 정보를 좀 더 쉽고 정확하게 알 수 있다.

10 축척은 지도에서 실제 거리를 줄인 정도를 말한다.

11 바다의 수면을 기준으로 높이가 같은 곳을 선으로 이은 것은 등고선이다.

12 둥근 지구를 아주 작게 줄여서 지구와 비슷한 모양으로 만든 것은 지구본이다.

13 경선은 지구본과 세계 지도 위에 그어진 세로 방향의 선이다.

14 교류란 서로 다른 개인, 지역, 나라 사이에서 물건이나 문화, 사상 등을 주고받는 것이다.

01 다음에서 설명하는 자연환경으로 옳은 것은?

> • 도로와 다리를 놓기도 한다.
> • 공원을 만들어 산책하거나 운동하는 곳으로 이용한다.

① 평야
② 하천
③ 바다
④ 산지

02 기출 다음은 어느 지역의 모습을 나타낸 것인가?

> • 갯벌에서 조개를 캔다.
> • 배를 타고 바다로 나가 물고기를 잡는다.
> • 배를 타고 바다낚시를 한다.

① 농촌
② 산지촌
③ 도시
④ 어촌

03 지도에서 강이나 바다를 나타내는 색은?

① 파란색
② 노란색
③ 고동색
④ 초록색

04 다음 중 농촌 사람들의 생활 모습으로 볼 수 없는 것은?

① 누에를 치기도 한다.
② 계절에 따라 하는 일이 다르다.
③ 계단식 논에서 벼농사를 짓는다.
④ 부업으로 가축을 기르기도 한다.

01
하천은 일정한 길을 따라 물이 흐르는 것으로, 하천의 물을 생활용수와 공업용수로 이용한다.

02
어촌의 생활 모습
• 주로 고기를 잡거나 양식을 한다.
• 갯벌, 백사장이 넓게 펼쳐져 있다.

03
강이나 바다의 색은 파란색, 산맥은 고동색으로 나타낸다.

04
③ 산지촌의 생활 모습

A N S W E R
01. ② 02. ④ 03. ① 04. ③

05 다음 등고선 중에서 가장 높은 곳을 나타낸 것은?

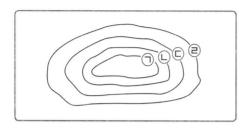

① ㉠

② ㉡

③ ㉢

④ ㉣

가장 높은 곳은 등고선의 안쪽인 ㉠이고, 가장 낮은 곳은 ㉣이다.

06 **기출** 도시의 여러 가지 문제 중 다음 내용과 가장 관련이 깊은 것은?

- 택지 부족
- 전세 가격 상승
- 인구의 도시 집중

① 쓰레기 문제

② 교통 문제

③ 주택 문제

④ 교육 문제

대도시의 인구 증가로 주택이 부족하면 주택 가격이 상승하게 된다.

07 다음 중 위선과 경선에 대한 설명으로 옳지 <u>않은</u> 것은?

① 실제로 지구 위에 그어져 있는 선이다.

② 지구상에서의 위치를 나타내기 위한 기준선이다.

③ 경도 0°의 경선을 본초 자오선이라고 한다.

④ 위선은 위도를 나타낼 때 사용한다.

위선과 경선은 실제로 지구 위에 그어져 있는 선이 아니라 위치를 나타내기 편리하도록 지도나 지구본에 가상으로 나타낸 선이다.

A N S W E R

05. ① 06. ③ 07. ①

08 다음 중 축척에 대한 설명으로 옳지 <u>않은</u> 것은?

① 축척은 지도에서 실제 거리를 줄인 정도를 말한다.

② 지도에 표시된 두 지점 사이의 실제 거리는 축척 막대자를 통해 알 수 있다.

③ 대축척 지도는 실제 거리를 많이 줄여 더 넓은 지역을 간략하게 보여 주는 지도이다.

④ 축척을 이용한 실제 거리는 지도에서 두 지점 간의 거리와 축척을 알면 구할 수 있다.

08
• 소축척 지도 : 실제 거리를 많이 줄여 더 넓은 지역을 간략하게 보여 주는 지도
• 대축척 지도 : 실제 거리를 조금 줄여 더 좁은 지역을 자세하게 보여 주는 지도

09 디지털 영상 지도에 대한 설명으로 가장 적절하지 <u>않은</u> 것은? **기출**

① 다양한 정보가 연결되어 있다.

② 지도를 확대하고 축소하기가 쉽다.

③ 종이로 되어 있어 휴대가 편리하다.

④ 위성 영상이나 항공 사진 등을 바탕으로 만들었다.

09
디지털 영상 지도는 인공위성 사진을 지도 형식으로 바꾸고, 스마트폰이나 컴퓨터 등 다양한 기기에서 이용할 수 있도록 디지털 정보로 표현한 지도이다.

10 지도에서 높낮이는 어떻게 나타내는가?

① 글씨로 표시
② 여러 색을 표시
③ 기호로 표시
④ 그림으로 표시

10
지도에서 땅의 높낮이는 여러 가지 색깔과 등고선으로 표시한다.

A N S W E R
08. ③ 09. ③ 10. ②

11 지도에서 학교를 나타내는 기호는 어느 것인가?

①

② ✚

③

④ ♨

11
② 병원, ③ 절, ④ 온천

12 다음 중 오늘날의 교통수단이 <u>아닌</u> 것은?

① 비행기　　　② 기차
③ 가마　　　④ 배

12
오늘날의 교통수단 : 비행기, 기차, 버스, 배 등

13 도시로 사람이 몰리면서 생겨나는 문제점으로 옳지 <u>않은</u> 것은?

① 쓰레기 증가　　　② 환경오염
③ 교통 혼잡　　　④ 일손 부족

13
일손이 부족한 곳은 촌락이다.

14 다음 내용에 맞는 주생활은?

> 겨울철 눈이 많이 내리는 고장에서는 눈이 많이 와도 집 안을 자유롭게 다닐 수 있도록 집을 지었다.

① 너와집　　　② 동굴집
③ 우데기집　　　④ 터돋움집

14
우데기집 : 겨울철 눈이 많이 내리는 고장에서는 눈이 많이 와도 집 안을 자유롭게 다닐 수 있도록 우데기와 같은 벽을 만들었다.

ANSWER
11. ①　12. ③　13. ④　14. ③

15 세계 지도에서 어느 지점의 위치를 가장 정확하게 알 수 있는 방법은?

① 색깔을 살펴본다.

② 국경선을 살펴본다.

③ 나라 이름을 찾아본다.

④ 경선과 위선을 살펴본다.

15

경선과 위선은 지구본과 지도에서 위치를 쉽게 찾기 위해 사용한다.

16 지도에서 방위 표시가 없을 때 위쪽의 방향은?

① 동쪽　　　　　② 서쪽

③ 남쪽　　　　　④ 북쪽

16

지도에서 방위표가 없는 경우 지도의 위쪽이 북쪽, 아래쪽이 남쪽, 오른쪽이 동쪽, 왼쪽이 서쪽이 된다.

17 다음 중 백지도의 특징으로 옳지 <u>않은</u> 것은?

① 지형의 기본적인 윤곽과 경계를 그린 지도이다.

② 관광도, 일기도, 기후도, 인구 분포도, 역사 지도, 교통도, 항공도, 토지이용도 등을 만들어 사용할 수 있다.

③ 지도에 산, 하천, 도시, 철길, 주요 시설 등을 표시하고 글자를 쓴다.

④ 주로 지도 제작 작업이나 지리 교육용으로 사용된다.

17

지도의 윤곽, 경계, 산, 하천, 도시, 철길, 주요 시설 등은 표시하지만 글자는 쓰지 않는다.

18 교통수단에 해당하는 것은?

① 우편　　　　　② 전화

③ 자동차　　　　④ 인터넷

18

우편, 전화, 인터넷은 통신 수단에 해당한다.

ANSWER

15. ④　16. ④　17. ③　18. ③

19 다음과 같은 일을 주로 하는 곳은?

기출

> • 산에서 나무를 기른다.
> • 산에서 나물이나 버섯, 약초를 캔다.

① 도심   ② 어촌

③ 산지촌   ④ 아파트 단지

20 다음 대화에서 학생이 활용한 문화유산 조사 방법은?

기출

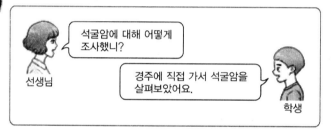

① 답사   ② 인터넷 검색

③ 친구와 토의   ④ 백과사전 조사

19

산지촌은 산간 지역에 자리 잡고 있는 촌락으로 산비탈에는 밭이나 계단식 논이 있다. 밭농사를 짓거나 버섯을 재배하고 산에서 나는 약초를 채취하기도 한다. 집들이 흩어져 있는 것이 특징이다.

20

답사는 현장에 가서 직접 보고 조사하는 방법으로, 직접 찾아가 보면 책이나 인터넷에서 얻는 지식과는 다른 생생한 지식을 얻을 수 있다.

02 우리 국토의 모습과 생활

1 우리 국토의 위치와 영역

(1) 우리 국토의 위치

① 우리나라의 위치

㉠ 동북아시아에 있는 한반도에 위치

㉡ 대륙과 해양으로 뻗어 나갈 수 있는 좋은 위치

용어 설명 국토 : 우리가 대를 이어 살아가야 할 삶의 터전
반도 : 우리나라처럼 육지가 바다 쪽으로 뻗어 나와 삼면이 바다로 열려 있는 지형

② 우리나라의 지리적 장점

㉠ 북쪽은 중국과 러시아를 통해 대륙과 연결되어 있다.

㉡ 남쪽은 해양으로 열려 있다.

㉢ 태평양과 접해 있어 중국, 일본 등 세계 여러 나라들과 바다를 통하여 문화와 물자를 편리하게 교류하였다.

(2) 우리 국토의 영역 중요*

① 국토의 영역 : 국가의 주권이 미치는 범위로, 영토(땅), 영해(바다), 영공(하늘)으로 나눈다.

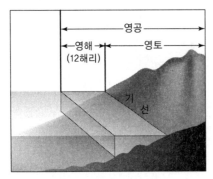

[영토, 영해, 영공]

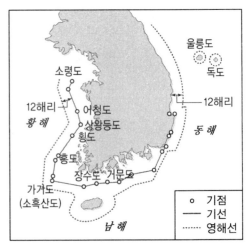

[우리나라의 영해]

② 우리 땅, 바다, 하늘

　㉠ 영토 : 한반도와 부속 도서

　㉡ 영해

　　ⓐ 우리나라의 주권이 미치는 바다의 범위로서, 기선으로부터 12해리(약 22km)까지이다.

　　ⓑ 우리나라의 영해는 동해, 황해, 남해에 걸쳐 있다.

용어설명 기선 : 영해의 범위를 정하는 기준이 되는 선
해리 : 바다의 거리를 잴 때 쓰는 단위로, 1해리는 1,852m이다.

　㉢ 영공 : 우리나라의 주권이 미치는 하늘의 범위로서, 영토와 영해의 상공을 말한다.

(3) 우리 땅, 독도 중요⁺

① 위치 : 경상북도 울릉군에 속한 화산섬으로, 대한민국 영토의 가장 동쪽에 자리 잡고 있다.

② 특징

　㉠ 천연기념물 제336호로 지정되어 보호받고 있다.

　㉡ 독도 부근의 바다는 난류와 한류가 교차하고 다양한 어종이 모여드는 황금 어장이다.

　㉢ 동해를 건너는 새들의 중간 쉼터 구실을 한다.

　㉣ 동해의 한가운데에 자리 잡고 있어 선박의 항로뿐만 아니라 군사·지리·안보적으로도 중요한 위치에 있다.

　㉤ 동도와 서도, 작은 바위섬들로 이루어져 있다.

　㉥ 독도는 지리적, 역사적, 국제법적으로 엄연한 우리나라의 땅이다.

2 우리 국토의 자연환경과 생활

(1) 기후와 우리 생활

① 기후

  ㉠ 뜻 : 오랜 기간에 걸친 지속적이고 평균적인 대기 상태

  ㉡ 구성 : 기온, 강수량, 바람

② 우리나라 기후의 특징

  ㉠ 우리나라는 북위 33°~43°의 중위도에 위치하여 사계절이 뚜렷하고 온화하다.

  ㉡ 우리나라의 기후는 계절별로 크게 다르다.

    ⓐ 여름 : 적도 부근의 태평양에서 불어오는 더운 바람의 영향으로 덥고 비가 많이 내린다.

    ⓑ 겨울 : 북쪽의 시베리아에서 불어오는 차가운 바람의 영향으로 춥고 건조하다.

③ 우리나라 기온의 특징

  ㉠ 우리나라는 동쪽과 서쪽 간의 기온 차이보다 남쪽과 북쪽 간의 기온 차이가 더 크다. 우리나라는 남북으로 길게 뻗어 있어 위도 차이가 크기 때문에 남북의 기온 차이가 크다.

  ㉡ 북쪽은 남쪽보다 여름에는 시원하고 겨울에는 춥다.

  ㉢ 동해안(강릉)이 서해안(서울)에 비해 겨울에 따뜻하고 여름에 시원하다.

> **바로바로 확인 ▶▶**
>
> **우리나라 겨울 기후의 특징으로 바른 것은 어느 것인가?**
> ❶ 바람이 많고 눈도 내린다.
> ② 덥고 비가 많이 온다.
> ③ 황사와 꽃샘추위가 온다.
> ④ 선선하고 단풍이 곱게 든다.

더 알아두기

겨울에 동쪽 지역이 서쪽 지역보다 따뜻한 이유

- 동해가 황해보다 깊어 수온이 쉽게 떨어지지 않는다.
- 한반도의 남북으로 길게 뻗어 있는 태백산맥이 대륙에서 불어오는 차가운 바람을 막아 준다.

④ 우리나라 강수의 특징

㉠ 계절에 따른 강수량의 차이

ⓐ 강수량은 계절에 따라 차이가 크다.

ⓑ 장마와 태풍의 영향으로 연평균 강수량의 약 70%가 여름에 집중된다.

용어 설명 강수량 : 어떤 곳에 일정 기간 동안 내린 물(비, 눈, 우박, 안개 등)의 총량이다. 우리나라에서 일 년 동안의 강수량이 1,300mm 이상이면 강수량이 많은 지역이고, 1,000mm 이하이면 적은 지역이다.

㉡ 지역에 따른 강수량의 차이

ⓐ 강수량은 지역에 따라 차이가 크다.

ⓑ 북쪽에서 남쪽으로 올수록 강수량이 많아진다.

ⓒ 남해안과 동해안 지역이 내륙 지역에 비해 강수량이 많다.

㉢ 강수량과 사람들의 생활 모습

집중 호우로 침수 피해가 잦은 저지대	터돋움집에서 살았다. ※ 터돋움집 : 터를 돋우어서 지은 집
눈이 많이 내리는 지역	• 울릉도 : '우데기'라는 독특한 구조를 갖춘 집에서 살았다. • 눈 위에서 물건을 운반하기 위해 썰매 모양의 '발구'를 이용하였다. • 눈이 많이 오는 산간 지역 : 스키장을 만들거나 눈 축제, 얼음 조각전 등을 개최
서해안	염전이 많았음 → 염전을 만들기에 좋은 갯벌이 발달하였고, 강수량이 적어 일조량이 많았기 때문에 ※ 염전 : 햇볕과 바람으로 바닷물의 수분을 증발시켜서 소금을 만드는 곳

⑤ 우리나라의 자연재해

㉠ 자연재해의 뜻 : 사람의 생활에 영향을 주는 태풍, 호우, 가뭄, 폭설, 황사, 지진, 해일, 우박 등의 자연 현상을 말한다.

바로로 확인 ▶▶

다음에서 설명하는 자연재해는?

• 오랫동안 비가 오지 않거나 적게 오는 기간이 지속되는 현상이다.
• 물이 부족해 농작물이 피해를 입는다.

❶ 가뭄　　　　② 폭설
③ 한파　　　　④ 황사

ⓛ 우리나라에서 자주 발생하는 자연재해 중요⁺

태풍	• 주로 여름철에서 이른 가을 사이에 발생한다. • 많은 비와 강한 바람으로 인해 사람들에게 큰 피해를 입힌다.
호우	강수량이 집중되는 여름철에 주로 발생한다.
가뭄	비가 적게 내리는 봄철과 가을철에 발생한다.
폭설	• 겨울철에 발생한다. • 교통을 마비시키고 눈사태를 일으킨다. • 비닐하우스를 주저앉게 하여 농작물에 피해를 입힌다.
황사	봄철에는 대륙에서 불어오는 황사가 사람들의 생활과 산업에 피해를 준다.
홍수	비가 많이 와서 강이나 개천에 갑자기 크게 불어나 주변에 피해를 주는 자연재해를 말한다.
폭염	• 낮 최고기온이 섭씨 33℃를 넘어서는 매우 더운 날씨이다. • 햇볕을 쬐는 것만으로도 인체에 해가 될 수 있으므로 야외 활동을 자제하는 것이 좋으며 충분한 수분을 섭취하는 것이 중요하다.
한파	• 기온이 급격하게 내려가는 현상이다. • 저체온증, 동상, 동창 등의 한랭 질환을 유발할 수 있다.

ⓒ 자연재해를 극복하기 위한 노력 중요⁺

옛날	• 측우기를 만들어 강수량을 측정하였다. • 수리 시설(저수지, 보 등)을 이용하여 홍수와 가뭄에 대비하였다.
오늘날	• 홍수와 가뭄 대비 : 댐 건설 • 태풍과 해일 대비 : 방파제 쌓기 • 기상청 : 일기 예보를 통해 각종 재해 주의보 및 경보 발표

[홍수와 가뭄에 대비한 댐 건설]　[홍수에 대비한 하천정비]　[바닷물로 인한 피해를 막기 위한 하굿둑 건설]

용어 설명 하굿둑 : 바닷물이 거슬러 올라와 강 유역 평야에서 자라는 식물에 피해를 주거나 상수원에도 영향을 끼쳐 수돗물에서 짠맛이 날 때도 있는데, 이러한 피해를 막기 위해 강 입구에 쌓은 둑을 말한다.

(2) 지형과 우리 생활

① 우리 국토의 지형적 특징

　㉠ 산지

　　ⓐ 국토의 약 70%가 산지이다.

　　ⓑ 북쪽으로는 넓게, 동쪽으로는 길게 펼쳐져 있다.

　㉡ 평야

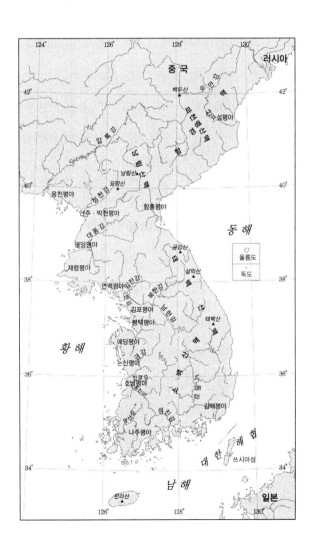

　　ⓐ 해안선을 따라 서쪽과 남쪽에 길고 넓게 발달하였다.

　　ⓑ 서쪽은 대체로 낮고 평탄하여 사람들이 많이 모여 산다.

　㉢ 해안

　　ⓐ 삼면이 바다로 열려 있다.

　　ⓑ 동해안은 해안선이 단조롭다.

　　ⓒ 서해안과 남해안은 해안선이 복잡하고, 밀물과 썰물의 차이가 커서 갯벌이 발달하였다.

　㉣ 하천 : 동쪽이 높고 서쪽은 낮아 대부분의 하천은 동쪽에서 서쪽으로 흐른다.

② 다양한 지형에 따른 사람들의 생활 모습

산지	• 산 정상부가 비교적 평탄한 대관령 지역은 고랭지 농업과 목축업이 발달하였고, 스키장으로도 이용되고 있다. • 산기슭에서 밭농사를 주로 하며, 계단식 논을 만들어 벼농사를 짓기도 한다. • 산지 지역을 이용하는 모습 : 계단식 논농사, 약초 재배, 고랭지 농업, 지하자원 채취, 휴양 시설(스키장·골프장·산림욕장·관광지), 목축업	[고랭지 농업] [계단식 논]
평야	• 서쪽에 위치한 호남평야에서는 논농사가 발달하였다. • 도시가 발달하고 교통이 편리하여 인구가 많다. • 벼농사 외에 특용 작물 재배, 낙농업, 과수원 등도 발달하였다. • 평야 지역을 이용하는 모습 : 논농사, 밭농사, 비닐하우스 농업, 과수원, 공장 건설, 도시 건설, 철도·도로 건설	[논농사] [비닐하우스 농업] [도시 건설]

| 해안 | <ul><li>동해안 : 모래사장이 크게 발달하여 여름철에는 해수욕장으로 많이 이용된다.</li><li>서해안과 남해안
- 갯벌을 어장, 양식장, 염전 등으로 이용한다.
- 갯벌을 간척하여 농경지나 공업 용지로 이용한다.
- 항구 도시를 만들어 세계의 여러 나라와 무역을 한다.</li><li>해안 지역을 이용하는 모습 : 고기잡이, 양식업 (김·굴·조개·물고기 등), 항구 건설, 갯벌, 해수욕장, 소금 생산</li></ul> | 
[양식장]

[항구] |

바로로 확인 ▶▶

다음은 어느 지역의 모습을 설명한 것인가?

- 논농사, 밭농사를 짓는다.
- 첨단 시설을 이용해 생산하기도 한다.
- 큰 강 주변에 넓은 평야가 펼쳐져 있다.

① 도시 지역 ❷ 평야 지역
③ 해안 지역 ④ 산간 지역

3 우리 국토의 인문 환경

(1) 우리나라의 행정구역 중요*

① 행정구역 : 나라를 효율적으로 관리하려고 나눈 지역을 말한다.

② 행정구역 구분

특별시	서울
특별자치시	세종
광역시	부산, 대구, 인천, 광주, 대전, 울산
도	경기도, 강원도, 충청남도, 충청북도, 전라남도, 전라북도, 경상남도, 경상북도
특별자치도	제주도

(2) **지역의 생활 모습을 알 수 있는 인문 환경**

    ① 인문 환경의 뜻 : 인간 활동의 결과로 만들어진 모든 것

    ② 지역의 인구나 인구 분포, 산업, 교통 등의 인문 환경을 자연환경과 연관 지어 살펴보면 우리 지역의 생활 모습에 대해 이해할 수 있다.

(3) **지역의 인구와 분포**

    ① 인구

        ㉠ 뜻 : 일정 지역에 살고 있는 사람의 수

        ㉡ 인구는 출생이나 사망, 전입과 전출로 그 수가 변한다.

        ㉢ 지역의 인구와 분포를 알 수 있는 자료 : 인구 통계 자료, 인구 분포도

    ② 인구 분포도 : 어떤 지역에 얼마나 많은 인구가 살고 있는지 한눈에 알 수 있다.

    ③ 인구 밀도

        ㉠ 뜻 : 단위면적에 살고 있는 사람의 수

        ㉡ 같은 면적의 땅에 살고 있는 사람이 많으면 인구 밀도가 높다고 하고, 살고 있는 사람이 적으면 인구 밀도가 낮다고 한다.

        ㉢ 인구 밀도에 따른 지역의 특징

인구 밀도가 높은 지역	• 아파트, 높은 건물을 쉽게 볼 수 있다. • 교통과 산업이 발달하였다. • 살고 있는 사람들이 많아 복잡하다.
인구 밀도가 낮은 지역	• 비교적 한적하다. • 교통이 불편하다. • 건물이 낮고 집의 수가 적다.

(4) 우리나라 도시 발달의 특징

1960년대	사람들이 일자리를 찾아 도시로 이동하면서 서울, 인천, 부산, 대구 등의 인구가 급속히 증가했다.
1970년대	대도시의 지속적인 성장과 포항, 울산, 마산, 창원 등의 새로운 공업도시로 성장하면서 인구가 크게 증가했다.
1980년대 이후	• 서울로 인구가 집중되면서 생긴 여러 가지 문제를 해결하려고 1980년부터 경기도에 신도시를 건설해 인구와 기능을 분산했다. • 국토를 균형적으로 발전시키려고 수도권에 집중되어 있는 공공기관 등을 지방으로 옮겨 그 주변이 발전하였다.

(5) 우리나라의 산업 발달 모습

① 오늘날에는 과학과 기술이 발달하면서 첨단 산업이 빠르게 성장하였다.

② 지역별로 발달한 산업

서울	소비 시장이 넓어 서비스업, 운송업 등 다양한 산업이 발달했다.
대전	대학교와 연구소가 협력해 첨단산업이 성장했다.
광주	자동차 산업이 발달했으며 이와 관련된 여러 가지 시설을 볼 수 있다.
동해	시멘트의 주원료인 석회석이 풍부해 시멘트 산업이 발달했다.
대구	풍부한 노동력을 바탕으로 섬유와 패션 산업이 성장했다.
부산	원료를 수입하고 제품을 수출하기 좋은 해안가에 위치해 물류 산업이 발달했다.
제주	아름다운 자연환경 덕분에 관광 산업이 발달했다.

③ 지역의 산업이 발전하는 과정에서 주변의 자연환경이 변화하기도 하며 일자리가 늘어나면서 인구가 증가해 도시가 성장하기도 한다.

(6) 우리나라의 교통 발달 모습

① 교통의 발달

ⓐ 1970년에 경부 고속국도가 완공되면서 전 국토가 1일 생활권으로 연결되었다.

ⓒ 2004년에 고속 철도가 개통되면서 반나절 생활권이 가능해졌다.

② **지역 간 교류**

ⓐ 항구의 수가 늘면서 산업에 필요한 원료의 공급이 원활해졌다.

ⓑ 공항의 수도 늘어 지역 간 교류가 더욱 활발해지고 지역 간 이동시간이 줄면서 지역 간 거리가 점점 가깝게 느껴지고 있다.

(7) 인문 환경의 변화에 따라 달라진 국토의 모습

① **인구와 도시의 관계** : 인구가 많은 지역에 주요 도시가 분포하고 있다.

② **인구와 산업의 관계** : 일자리가 많기 때문에 주로 공업지역에 인구가 많다.

③ **인구와 교통의 관계** : 교통이 발달한 곳에 사람들이 많이 모여 살고 있다.

02 우리 국토의 모습과 생활

01 반도는 우리나라처럼 육지가 바다 쪽으로 뻗어 나와 삼면이 바다로 열려 있는 지형이다.

02 국토는 국가의 주권이 미치는 범위로, 영토(땅), 영해(바다), 영공(하늘)으로 나뉜다.

03 경상북도 울릉군에 속한 화산섬으로, 대한민국 영토의 가장 동쪽에 자리 잡고 있는 것은 독도이다.

04 오랜 기간에 걸친 지속적이고 평균적인 대기 상태는 기후이다.

05 강수량은 어떤 곳에 일정 기간 동안 내린 물의 총량이다.

06 눈이 많이 내리는 지역인 울릉도에서는 우데기라는 독특한 구조를 갖춘 집에서 살았다.

07 자연재해 : 태풍, 호우, 가뭄, 폭설, 황사, 지진, 해일, 우박, 홍수, 폭염, 한파 등

08 행정구역 : 나라를 효율적으로 관리하려고 나눈 지역을 말한다.
특별시(서울), 특별자치시(세종), 광역시(부산·대구·인천·광주·대전·울산), 도(경기도·강원도·충청남도·충청북도·전라남도·전라북도·경상남도·경상북도), 특별자치도(제주도)

09 산지는 산기슭에서 밭농사를 주로 하며, 계단식 논을 만들어 벼농사를 짓기도 한다.

10 인구 분포도는 어떤 지역에 얼마나 많은 인구가 살고 있는지 한눈에 알 수 있다.

실력 탄탄 다지기 실전 예상 문제

01 다음 중 국토의 영역에 포함되지 <u>않는</u> 것은?

① 국민   ② 영해

③ 영토   ④ 영공

01
국토의 영역은 국가의 주권이 미치는 범위로, 영토(땅), 영해(바다), 영공(하늘)으로 나뉜다.

02 우리나라 국토에 대해 바르게 설명한 것은?

① 지하자원이 풍부한 남반구에 있다.

② 삼면이 바다로 열려 있다.

③ 남쪽은 대륙과 연결되어 있다.

④ 아프리카 중심에 있다.

02
① 북반구에 위치
③ 남쪽은 해양으로 열려 있음
④ 아시아에 위치

03 다음 중 기후를 나타내는 요소가 <u>아닌</u> 것은?

① 산맥   ② 기온

③ 바람   ④ 강수

03
일정한 기간의 기온, 강수, 바람 등의 대기 상태를 기후라고 한다.

04 **기출** 자연재해로 인한 피해를 예방하기 위해 할 일이 <u>아닌</u> 것은?

① 하천과 제방을 정비한다.

② 산에 나무를 많이 심는다.

③ 산을 깎아서 골프장을 만든다.

④ 지진에 견딜 수 있도록 건물을 짓는다.

04
산을 깎아서 골프장을 만들면 산사태가 발생할 수 있다.

ANSWER
01. ①   02. ②   03. ①   04. ③

05 어떤 지역에 얼마나 많은 사람들이 살고 있는지 한눈에 살펴볼 수 있는 것은?

① 교통도   ② 산업 지도

③ 인구 분포도   ④ 기후 그래프

05

인구 분포도는 지역의 인구 수를 지도에 나타낸 것으로 어떤 지역에 얼마나 많은 사람들이 살고 있는지 한눈에 알 수 있다.

06 바닷가 근처에 살고 있는 사람들이 주로 하는 일과 거리가 먼 것은?

① 고기잡이

② 가두리 양식하기

③ 염전에서 소금 생산하기

④ 여러 가지 지하자원 캐기

06

④ 산지 지역

07 독도에 대한 설명으로 바르지 못한 것은?

기출

① 국제법적으로 우리나라의 영토이다.

② 지리적, 역사적으로는 미국의 영토이다.

③ 대한민국 영토의 가장 동쪽에 있다.

④ 천연기념물로 지정되어 보호받고 있다.

07

독도는 지리적, 역사적, 국제법적으로 엄연한 우리나라의 땅이다.

08 봄철에 중국의 건조한 지역에서 발생하는 모래와 먼지로 인해 하늘이 누렇게 되는 현상은?

① 태풍   ② 황사

③ 장마   ④ 가뭄

08

황사 : 바람에 의하여 하늘 높이 불어 올라간 미세한 모래먼지가 대기 중에 퍼져서 하늘을 덮었다가 서서히 떨어지는 현상 또는 떨어지는 모래흙을 말한다.

A N S W E R

05. ③   06. ④   07. ②   08. ②

09 자연재해로 일어난 피해는 어느 것인가?

기출

① 자동차 사고가 나서 사람이 다쳤다.

② 홍수가 나서 집이 물에 잠겼다.

③ 불장난을 하다가 산불이 났다.

④ 집을 짓다가 무너졌다.

09
①, ③, ④는 사람의 잘못으로 일어난 인재이다.

10 다음 산업이 발달한 내용에 해당하는 지역은?

> 시멘트의 주원료인 석회석이 풍부해 시멘트 산업이 발달했다.

① 부산   ② 동해

③ 대전   ④ 광주

10
① 부산 : 물류 산업의 발달
③ 대전 : 첨단 산업이 성장
④ 광주 : 자동차 산업의 발달

11 다음에서 설명하는 도시는?

기출

> • 우리나라의 유일한 특별 자치시이다.
> • 국토를 균형적으로 발전시키려고 만든 도시이다.
> • 수도권에 있던 정부 기관의 일부를 이곳으로 이전했다.

① 광주   ② 부산

③ 세종   ④ 인천

11
세종특별자치시
세종특별자치시는 옛 충청남도 연기군 전체와 공주시 일부, 충청북도 청원군 일부를 포함하여 2012년 7월 1일에 출범하였다. 수도권 쏠림 현상을 막고 국토의 균형개발을 꾀하기 위해 수도권에 밀집해 있던 정부 기관을 세종특별자치시로 이전한 것이다.

A N S W E R
09. ②   10. ②   11. ③

12 다음에서 설명하는 것은?

기출

> • 좁은 지역에 짧은 시간 동안 많은 양의 비가 내리는 현상이다.
> • 산사태나 홍수의 원인이 되기도 한다.

① 가뭄   ② 지진

③ 폭설   ④ 집중 호우

12
집중 호우는 우리나라의 경우, 강수량이 집중되는 여름철에 주로 발생한다.

13 우리나라 교통의 발달에 대한 설명으로 옳지 <u>않은</u> 것은?

① 공항의 수도 늘어 지역 간 교류가 더욱 활발해졌다.

② 고속 철도가 개통되면서 반나절 생활권이 가능해졌다.

③ 지역 간 거리가 점점 멀게 느껴지고 있다.

④ 경부 고속국도가 완공되면서 전 국토가 1일 생활권으로 연결되었다.

13
공항의 수도 늘어 지역 간 교류가 더욱 활발해지고 지역 간 이동시간이 줄면서 지역 간 거리가 점점 가깝게 느껴지고 있다.

A N S W E R
12. ④   13. ③

03 세계 여러 나라의 자연환경과 생활

1 세계의 여러 대륙과 대양

(1) 5대양 6대륙 중요*

① 5대양

태평양	아시아, 북아메리카, 남아메리카, 오세아니아 등에 둘러싸인 세계 최대의 해양으로, 우리나라와 인접해 있다.
대서양	북아메리카, 남아메리카, 유럽, 아프리카 등에 둘러싸여 있다.
인도양	아프리카, 남아시아, 오세아니아 등에 둘러싸여 있다.
남극해	남극은 어느 나라의 영토도 아니며 과학 탐구 활동만 허용되고, 거의 1년 내내 떠다니는 얼음들로 뒤덮여 있다.
북극해	유럽, 아시아, 북아메리카에 둘러싸여 있다.

② 6대륙

아시아	• 6대륙 중 가장 크며, 세계 육지 넓이의 약 30%를 차지한다. • 대한민국, 중국, 일본, 베트남, 인도, 필리핀 등이 위치한다.
유럽	• 좁은 면적에 비해 많은 나라들이 모여 있다. • 폴란드, 벨기에, 영국, 프랑스, 스위스, 독일, 이탈리아 등이 위치한다.
아프리카	• 아시아 다음으로 큰 대륙으로, 북반구와 남반구에 걸쳐 있다. • 소말리아, 케냐, 이집트, 탄자니아 등이 위치한다.
북아메리카	• 북반구에 속해 있으며, 북극해와 접해 있다. • 미국, 캐나다, 멕시코 등을 비롯하여 북쪽의 그린란드를 포함하는 지역이다.
남아메리카	• 대부분 남반구에 속해 있고, 남쪽에 남극해와 접해 있다. • 브라질, 칠레, 아르헨티나, 우루과이 등이 위치한다.
오세아니아	대륙 중 가장 작으며, 오스트레일리아, 뉴질랜드를 비롯한 남태평양 지역의 여러 섬들로 이루어져 있다.

✏️ 대륙 : 바다로 둘러싸인 아주 넓은 면적의 육지

대륙의 크기 : 아시아 〉 아프리카 〉 북아메리카 〉 남아메리카 〉 남극대륙 〉 유럽 〉 오세아니아

(2) 세계 여러 나라의 면적과 모양

① 영토의 면적

  ㉠ 러시아 : 1,710만 km^2, 세계에서 가장 큰 나라

  ㉡ 캐나다 : 998만 km^2, 세계에서 두 번째로 큰 나라

  ㉢ 바티칸 : 0.44 km^2, 세계에서 가장 작은 나라

  ㉣ 대한민국 : 22만 km^2, 세계 109위

  ✎ 우리나라보다도 작은 나라도 많이 있음 예 스위스, 싱가포르, 스리랑카

② 영토의 모양과 특징

이탈리아	• 영토 모양이 장화와 닮았다. • 주변에 포 강이 흐르고, 남북으로 아펜니노 산맥이 뻗어 있다.
이집트	• 사각형의 영토 모양 • 사하라 사막, 나일 강, 시나이 반도가 있다.
칠레	• 남북의 길이가 세계에서 가장 긴 나라로 다양한 기후가 나타난다. • 아타카마 사막, 토레스 델 파이네 국립 공원이 있다.
아르헨티나	• 남북으로 길게 뻗은 모양이다. • 노르웨이, 칠레 등과 모양이 비슷하다.

2 세계의 다양한 기후와 생활 모습

(1) 세계의 자연환경과 생활 모습

① 세계의 기후 : 위도나 해발 고도에 따라 다양하게 나타난다. 중요⁺

㉠ 적도에 가까울수록 기온이 높아지고 비가 많이 내린다.

㉡ 적도에서 멀수록 기온이 낮아진다.

기후	자연환경	생활 모습
열대 기후	• 일 년 내내 무덥고 비가 많이 내린다. • 지구 생물의 반 이상이 열대 기후 지역에 살고 있다.	주로 농사를 짓거나 사냥 혹은 열매를 채집하며 생활한다.
건조 기후	• 비가 거의 오지 않는다. • 하루 동안의 기온 변화가 크다.	사막이나 초원 지대가 많다. → 유목, 목축
고산 기후	• 해발 고도가 매우 높은 지역에서 볼 수 있는 기후 • 해발 고도가 높아질수록 점차 기온이 낮아진다.	서늘한 기후를 이용하여 감자와 옥수수 등을 재배한다.
온대 기후	• 사계절의 변화가 뚜렷하다. • 기후가 온화하여 농사를 짓고 사람이 살기에 적합하다. • 우리나라의 기후는 온대 기후에 속한다.	인구가 많고 여러 산업이 발달했다.
냉대 기후	• 겨울이 길고 몹시 춥다. • 여름은 짧지만 상대적으로 기온이 높아져서 풀과 나무가 자란다.	• 여름 : 감자, 밀, 옥수수 등 재배 • 겨울 : 농사짓기 어려움
한대 기후	일 년 내내 매우 춥고, 극지방에서 나타난다.	• 농사를 짓기 어려워 이 지역 사람들은 순록 유목이나 수렵, 어로 등을 주로 한다. • 석유와 천연가스가 풍부해 자원 개발이 활발하다.

② 세계의 다양한 지형

　㉠ 높고 험준한 산맥　◉ 히말라야 산맥, 알프스 산맥, 안데스 산맥

　㉡ 넓은 평야　◉ 미국 대평원

　✎ 큰 도시들은 대부분 평야 지역이나 해안 지역에 발달하였다.

　㉢ 구불구불 흐르는 하천　◉ 아마존 강, 황허 강, 나일 강

　㉣ 육지와 바다가 만나는 해안선　◉ 남태평양 해안선

　㉤ 고원　◉ 안데스 고원, 티베트 고원

　㉥ 사막　◉ 사하라 사막

(2) 세계 여러 나라 사람들의 다양한 생활 모습

의	옷의 형태나 소재가 나라마다 다른 까닭 : 나라마다 기후와 문화가 다르기 때문이다. ◉ 인도(사리), 케냐 마사이족(시카), 북극 지방 이누이트족(아노락)
식	음식의 재료나 조리법이 나라마다 다른 까닭 : 나라마다 기후 등의 자연환경이 다르기 때문이다. ◉ 멕시코(타코), 터키(케밥), 뉴질랜드 마오리족(항이)
주	집을 짓는 재료나 집의 모양이 나라마다 다른 까닭 : 나라마다 기후가 다르기 때문이다. ◉ 페루(갈대 집), 몽골(게르), 파푸아 뉴기니(고상 가옥)

(3) 세계 여러 나라 사람들의 생활 모습을 대하는 태도

① 우리와 다른 다양한 생활 모습

영국	옛날 영국 사람들은 마차를 타고 다녔는데 마부가 쓰는 채찍에 다치지 않도록 마부가 오른쪽에 앉았다. → 오늘날 영국의 자동차 운전석이 오른쪽임
스페인	스페인은 남부 유럽에 있어 낮이 길며 한낮에는 매우 덥다. → 점심 시간 후 한두 시간 동안 낮잠을 자거나 휴식을 취함(시에스타)
인도	숟가락과 젓가락 대신 오른손으로 밥을 먹는다.
가나	가나의 어느 부족은 죽음이 새로운 출발이나 여행이라고 생각하여 음악을 틀고 춤을 추는 등 축제와 같은 분위기로 장례를 치른다.

② 우리가 지녀야 할 바람직한 태도

　㉠ 세계 여러 나라는 자연환경과 인문 환경의 영향을 받아 생활 모습이 매우 다양하게 나타나며 이는 고유한 가치를 지니고 있다.

　㉡ 서로 다른 생활 모습을 이해하고 존중하려는 마음가짐이 필요하다.

3 우리나라와 가까운 나라들

(1) 이웃 나라의 자연환경과 인문 환경 중요⁺

구분	중국	일본	러시아
위치와 면적	우리나라의 서쪽에 위치, 우리나라보다 영토가 훨씬 넓다.	우리나라 동쪽에 위치, 우리나라보다 영토가 조금 넓다.	우리나라의 북쪽에 위치, 세계에서 영토가 가장 넓다.
자연환경	• 지역마다 다양한 기후와 지형이 나타난다. • 서쪽에서 동쪽으로 갈수록 지형이 낮아진다.	• 네 개의 큰 섬(혼슈, 홋카이도, 시코쿠, 규슈)과 3,000개가 넘는 작은 섬들로 이루어졌으며, 해안선이 매우 복잡하다. • 습하고 비와 눈이 많이 내리고, 태풍의 영향을 많이 받는다. • 화산이 많고, 지진활동이 활발하다.	• 위도가 높아 냉대 기후가 널리 나타난다. • 동부는 주로 고원과 산악 지대이며, 서부는 평원이 넓게 자리한다.
인문 환경	세계에서 인구가 가장 많고, 동부 지역 바닷가에 주요 항구와 대도시가 있다.	원료 수입과 제품 수출에 유리한 태평양 연안을 따라 공업 지역이 발달했다.	석유, 석탄, 철광석 등 풍부한 지하자원을 바탕으로 기계, 금속, 우주 산업을 발전시켰다.

바로로 확인 ▶▶

다음에서 설명하는 나라는?

• 우리나라의 동쪽에 위치하고 있다.
• 국토의 대부분이 산지이며 화산이 많고 온천이 발달했다.
• 네 개의 큰 섬과 3,000개가 넘는 작은 섬들로 이루어져 있다.

❶ 일본   ② 칠레
③ 러시아   ④ 베트남

(2) 이웃 나라의 인구 분포

① 중국 : 동부 지역에 인구가 밀집해 있고, 수도는 베이징(북경)이다.

② 일본 : 해안가에 인구가 많이 밀집해 있고, 수도는 도쿄이다.

③ 러시아 : 유럽에 가까운 서남부 지역이 사람들이 많고, 수도는 모스크바이다.

(3) 우리나라와 이웃 나라 사람들의 생활 모습

구분	중국	일본	러시아
문자	한자	중국의 한자와 한자의 일부를 변형한 '가나' 문자	그리스 문자에 바탕을 둔 키릴 문자의 변형
식생활	둥글고 큰 식탁, 음식이 미끄러지지 않도록 젓가락 끝이 뭉툭함	생선 요리가 많아 가시를 편하게 바를 수 있도록 젓가락 끝이 뾰족함	• 빵이 주식으로 포크, 나이프, 숟가락을 이용 • 날이 추워 코스 요리 문화 발달

(4) 우리나라와 이웃 나라의 교류 모습

① 경제적 교류 : 이웃 나라에서 만든 물건들의 수입이 늘어났기 때문에 이웃 나라에서 생산된 제품을 주변에서 쉽게 볼 수 있다.

② 관광객 교류 : 중국과 일본, 러시아에서 우리나라로 관광객이 오고, 우리나라에서 이웃 나라로 관광을 간다.

③ 유학생 교류 : 우리나라에 공부를 하기 위해 이웃 나라에서 외국인 유학생들이 오고, 우리나라에서도 외국으로 유학을 간다.

 알아두기

우리나라와 이웃 나라의 갈등

• 일본 : 위안부 문제, 독도 문제, 신사 참배 문제 등
• 중국 : 이어도 문제, 동북공정, 황해 불법 조업 등

(5) 우리나라와 관계 깊은 나라들

① 우리나라와 관계 깊은 나라들의 자연환경과 인문 환경　중요⁺

구분	미국	사우디아라비아	베트남
위치와 면적	영토 면적이 한반도의 약 45배로 넓고, 북아메리카 대륙에 위치하고 있다.	한반도 면적의 약 10배로, 세계에서 12번째로 넓은 국가이자 아라비아 반도에서 가장 넓은 국가이다.	동남아시아 인도차이나반도 동부에 위치, 남한 면적의 약 3배이다.
자연환경	• 땅의 모습이 동서로 넓다. • 다양한 지형과 기후가 나타난다.	연평균 기온이 30℃ 이상으로 덥고 건조하다.	• 남북 방향으로 산맥이 이어져 있고, 북부와 남부에는 넓은 평야가 발달했다. • 대체로 덥고 습하다.
인문 환경	풍부한 자원과 인적 자원을 바탕으로 많은 산업이 골고루 발달했다.	석유 자원의 수출을 바탕으로 세계 각국에서 여러 기술을 도입해 국가 발전을 이루고 있다.	세계에서 두 번째로 쌀을 많이 수출하며, 노동력이 풍부해서 경공업이 발달했다.

② 우리나라와 세계 여러 나라의 교류 모습

서남아시아 (사우디아라비아 등)	우리나라는 전체 원유 수입량의 약 85% 정도를 수입한다.
동남아시아	한국의 드라마, 대중음악, 공연 등이 선풍적 인기를 끌고 있으며, 한류 문화의 주요 수출 시장이다.
캐나다(버너비시)	세계 청소년 태권도 대회가 열렸고, '태권도 국기원의 날(8월 8일)'을 지정해 기념하고 있다.
미국, 오스트레일리아, 캐나다	우리나라는 밀과 옥수수의 약 99%를 수입에 의존한다. ※ 미국(33%), 오스트레일리아(27%), 캐나다(14%)
칠레	우리나라와 자유무역협정(FTA) 등을 개선해 나가기로 하는 등 경제적 협력을 강화할 수 있는 방안을 논의했다.

③ 우리나라와 세계 여러 나라 간의 상호 의존 관계

　　㉠ 특징 : 서로에게 필요한 물건이나 서비스를 주고받으며 함께 발전한다.

　　㉡ 교류하는 이유 : 나라마다 환경이 달라 서로 필요한 도움을 주고받을 수 있기 때문이다.

콕! 찍어주는 핵심정리

03 세계 여러 나라의 자연환경과 생활

01 5대양은 태평양, 대서양, 인도양, 남극해, 북극해이다.

02 대륙은 바다로 둘러싸인 아주 넓은 면적의 육지이다.

03 대륙의 크기 : 아시아 > 아프리카 > 북아메리카 > 남아메리카 > 남극대륙 > 유럽 > 오세아니아

04 적도에 가까울수록 기온이 높아지고 비가 많이 내린다.

05 열대 기후는 일 년 내내 무덥고 비가 많이 내린다.

06 일본은 우리나라의 동쪽에 위치하고, 국토의 대부분이 산지이며 화산이 많고 온천이 발달했다.

07 음식의 재료나 조리법이 나라마다 다른 까닭은 나라마다 기후 등의 자연환경이 다르기 때문이다.

08 러시아는 유럽에 가까운 서남부 지역이 사람들이 많고, 수도는 모스크바이다.

09 칠레는 우리나라와 자유무역협정(FTA) 등을 개선해 나가기로 하는 등 경제적 협력을 강화할 수 있는 방안을 논의했다.

01 지구에서 가장 추운 곳이며 세계 여러 나라가 과학 탐구 활동을 하고 있는 대륙은?

① 남극
② 유럽
③ 오세아니아
④ 북아메리카

02 다음에서 설명하는 대륙은?
기출

> • 우리나라가 속해 있는 대륙이다.
> • 대륙 중에서 가장 크며 세계 육지 면적의 약 30%를 차지한다.

① 유럽
② 아시아
③ 아프리카
④ 오세아니아

03 아시아의 열대 기후 지역에서 재배되는 작물 중 전 세계 생산량의 약 65%를 차지하는 것은?

① 커피
② 올리브
③ 고무
④ 쌀

04 다음은 어느 나라를 설명한 것인가?

> • 크고 작은 섬들로 이루어진 나라이다.
> • 태풍, 해일, 지진 등의 피해가 많다.
> • 우리나라와 문화적으로 밀접한 관계를 유지하였다.

① 미국
② 일본
③ 인도
④ 중국

01
남극 대륙은 지구에서 가장 추운 곳이며 어느 나라의 영토도 아니고 과학 탐구 활동만 허용된다.

02
아시아 : 세계 육지의 30%를 차지하는 가장 큰 대륙으로, 우리나라가 속해 있는 대륙이다.

03
동아시아, 동남아시아, 남아시아 지역은 온대 열대 기후 지역으로 쌀, 향료, 고무, 커피, 차 등 다양한 농작물이 재배된다.

04
일본은 여러 섬으로 이루어져 있고 해일과 태풍, 지진의 피해가 큰 나라이다.

ANSWER
01. ① 02. ② 03. ④ 04. ②

05 인도의 전통 복장인 사리가 한 장의 천으로 만들어진 이유는?

① 옷감을 자르거나 바느질하는 것을 바람직하지 않게 여기지 않는 힌두교의 영향 때문에

② 인도가 경제가 어려워 많은 옷감을 구하기 어렵기 때문에

③ 바느질하지 않아 입고 벗기 편리하기 때문에

④ 바쁜 인도 사람들이 빠른 시간 안에 옷을 만들기 위해

05
사리는 길고 넓은 천 한 장으로 되어 있다. 바느질이 되어 있지 않아 입을 때 몸에 옷을 두르는 형태로, 힌두교에서는 옷감을 자르거나 바느질하는 것을 바람직하지 않게 여기기 때문에 한 장의 천으로 만들어 입는다.

06 **기출** 다음에서 설명하는 나라는?

- 수도는 모스크바이다.
- 세계에서 영토가 가장 넓다.
- 우리나라의 북쪽에 위치한다.

① 몽골
② 일본
③ 중국
④ 러시아

06
러시아 : 우리나라의 북쪽에 위치하며, 세계에서 영토가 가장 넓다.

07 아시아에 대한 설명으로 옳지 <u>않은</u> 것은?

① 중국, 일본, 인도 등의 나라가 있다.

② 세계에서 가장 높은 히말라야 산맥이 있다.

③ 세계에서 가장 넓은 대륙이다.

④ 세계 인구의 약 30%가 거주한다.

07
아시아는 세계 인구의 약 60%나 되는 사람들이 거주하여 인구 밀도가 매우 높다.

- **A N S W E R** -
05. ① 06. ④ 07. ④

08 다음에서 설명하는 도시는?

기출

> • 미국에서 우리 교포가 가장 많이 살고 있음
> • 이 도시의 다운타운 서쪽에 코리아타운이 있음
> • 매년 9월이면 '한국의 날' 축제가 개최됨

① 북경
② 모스크바
③ 로스앤젤레스
④ 런던

09 다음 내용에 해당하는 나라는?

> • 남부 유럽에 있어 낮이 길며 한낮에는 매우 덥다.
> • 시에스타는 점심을 먹은 뒤 잠깐 자는 낮잠을 일컫는 말이다.

① 영국
② 스페인
③ 인도
④ 가나

10 다음에서 설명하는 나라는?

> • 우리나라의 북쪽에 위치, 세계에서 영토가 가장 넓다.
> • 석유, 석탄, 철광석 등 풍부한 지하자원을 바탕으로 기계, 금속, 우주 산업을 발전시켰다.

① 중국
② 베트남
③ 러시아
④ 일본

11 기출 다음에서 설명하는 것은?

> • 우리나라와 인접한 바다이다.
> • 아시아, 오세아니아, 북아메리카, 남아메리카 대륙 사이에 있다.

① 남극해　　　　② 대서양
③ 북극해　　　　④ 태평양

12 기출 다음에서 설명하는 나라는?

> • 수도는 베이징이다.
> • 세계에서 인구가 가장 많다.
> • 우리나라의 서쪽에 위치한다.
> • 춘절에 '복을 싸서 먹는다'는 뜻으로 만두를 먹기도 한다.

① 인도　　　　② 일본
③ 중국　　　　④ 러시아

11

태평양은 세계 5대양 중 하나로서 세계 바다 면적의 반을 차지하는 큰 바다로 아시아, 오세아니아, 북아메리카, 남아메리카, 남극 등에 둘러싸여 있다.

12

중국은 우리나라의 서쪽에 위치하며, 우리나라보다 영토가 훨씬 넓어 위도의 차이가 크기 때문에 지역마다 다양한 기후와 지형이 나타난다. 수도는 베이징이고, 세계에서 인구가 가장 많다.

-----ANSWER-----
11. ④　12. ③

01 다음 내용에 해당하는 고장으로 알맞은 것은?

> 우리 고장 사람들은 주로 과수원에서 과일을 재배한다.

① 바다가 펼쳐져 있는 고장
② 들이 펼쳐져 있는 고장
③ 산이 있는 고장
④ 하천이 흐르고 있는 고장

01
산이 있는 고장의 사람들은 주로 과수원에서 과일을 재배한다.

02 과수원은 학교의 어느 쪽에 있는가?

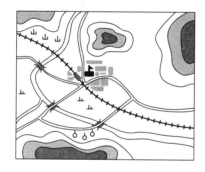

① 동쪽   ② 남쪽
③ 서쪽   ④ 북쪽

02
• 학교 : 🚩
• 과수원 : ♢♢♢

03 다음 중 사람들이 도시로 모이는 이유로 옳은 것은?

① 공기가 맑다.
② 문화 시설이 많다.
③ 일자리가 부족하다.
④ 살 집이 부족하다.

03
사람들이 도시로 모이는 이유
• 직장을 구할 수 있는 회사나 공장이 많다.
• 교육 여건이 좋다.
• 생활에 편리한 시설이 많다.

ANSWER
01. ③   02. ②   03. ②

04 인공위성 사진의 특징으로 옳지 <u>않은</u> 것은?

① 고장을 폭넓게 볼 수는 있지만 자세하게 볼 수는 없다.

② 디지털 영상 지도를 만드는 데 이용된다.

③ 다양한 크기의 면적을 볼 수 있다.

④ 우주에서 찍었기 때문에 장소의 위치를 쉽게 알 수 있다.

04

인공위성 사진 : 우주에서 찍었기 때문에 어떤 장소의 위치를 쉽게 알 수 있다. → 다양한 크기의 면적을 볼 수 있으며, 고장을 자세하고 폭넓게 볼 수도 있다.

05 다음은 어느 지역의 모습을 나타낸 것인가?

- 공기가 맑고 숲이 우거져 있다.
- 한약재와 나물, 버섯 등을 생산하고 꿀벌도 기른다.
- 경치가 아름다워 관광객들이 많이 찾아온다.

① 농촌   ② 산지촌

③ 어촌   ④ 도시

05

산지촌의 생활 모습
- 산비탈에는 밭이나 계단식 논이 있다.
- 밭농사를 짓거나 버섯을 재배한다.
- 산에서 나는 약초를 채취한다.

06 다음 내용에 맞는 주생활은?

추운 고장에 사는 사람들은 주변 숲에서 쉽게 구할 수 있는 통나무로 집을 지었다.

① 너와집   ② 터돋움집

③ 동굴집   ④ 이즈바

06

이즈바(러시아) : 추운 고장에 사는 사람들은 주변 숲에서 쉽게 구할 수 있는 통나무로 집을 지었다.

A N S W E R

04. ①   **05.** ②   **06.** ④

07 다음 중 도시의 특징과 관련이 <u>없는</u> 것은?

① 교통 시설이 발달하였다.

② 자연환경을 이용한 문화 시설이 많다.

③ 직업의 종류가 많다.

④ 인구가 많이 집중되어 있다.

08 농촌, 산지촌, 어촌의 생활 모습에서 같은 점이 <u>아닌</u> 것은?

① 계절에 따라 하는 일이 달라진다.

② 이웃과 하는 일이 비슷하다.

③ 생산하는 물건이 같다.

④ 편의 시설이 부족하다.

09 다음 중 평야 지역의 생활 모습으로 옳은 것은?

① 산나물을 생산한다.

② 지하자원을 캔다.

③ 주로 논농사를 한다.

④ 해조류를 양식한다.

10 다음에서 설명하는 자연재해는?

• 많은 비와 강한 바람으로 인명과 재산, 농작물에 큰 해를 입힌다.
• 우리나라에서는 7월~9월 사이에 많이 발생한다.

① 우박   ② 태풍

③ 지진   ④ 폭설

11 겨울철에 눈이 많이 내려 '우데기'라는 독특한 구조를 갖춘 집을 볼 수 있는 곳은?

① 제주도　　　　② 대관령
③ 부산　　　　　④ 울릉도

11
눈이 많이 내리는 울릉도에서는 사람들이 '우데기'라는 독특한 구조를 갖춘 집에서 살았다.

12 경상북도 울릉군에 속해 있는 화산섬의 이름은 무엇인가?

① 마라도　　　　② 완도
③ 제주도　　　　④ 독도

12
독도는 경상북도 울릉군에 속한 화산섬으로 대한민국 영도의 가장 동쪽에 자리 잡고 있다.

13 인구 밀도가 낮은 지역에 대한 설명으로 옳지 <u>않은</u> 것은?

① 1차 산업이 발달하였다.
② 전체적으로 한적하다.
③ 고속 국도가 발달되어 있다.
④ 사람들이 사는 집의 수가 적다.

13
인구가 적은 지역은 교통로와 교통 시설이 부족하다.

14 다음 중 자연재해를 예방하기 위해서 만든 시설이 <u>아닌</u> 것은?

① 댐　　　　　　② 방파제
③ 저수지　　　　④ 화장장

14
자연재해를 예방하기 위해 만든 시설 : 댐, 방파제 등

ANSWER
11. ④　12. ④　13. ③　14. ④

15 다음은 어느 나라에 관한 설명인가?

> • 우리 교포들이 많이 산다.
> • 수도는 워싱턴이다.
> • 6 · 25 전쟁 때는 우리나라를 많이 도와주었다.

① 일본 ② 영국
③ 중국 ④ 미국

16 우리나라의 위치와 모습에 대한 설명으로 옳지 <u>않은</u> 것은?

① 동북아시아에 있는 한반도에 자리 잡고 있다.
② 삼면이 바다로 열려 있다.
③ 남쪽은 대륙과 연결되어 있다.
④ 태평양과 접해 있다.

17 다음은 어느 지역을 설명한 것인가?

> • 오아시스 농업, 유목 생활
> • 석유 생산으로 생활이 크게 나아짐
> • 사우디아라비아, 이란, 이라크, 쿠웨이트

① 유럽 ② 아프리카
③ 서남아시아 ④ 동남아시아

18 여름에는 건조하고 겨울에는 따뜻하고 비가 많이 오는 지중해성 기후가 나타나 포도, 올리브 등의 재배에 적합한 지역은?

① 동남아시아　　② 남부 유럽

③ 시베리아　　　④ 남아메리카

19 세계 각 지역의 기후에 대한 설명으로 옳지 않은 것은?

① 고산 기후 – 해발 고도가 높아질수록 기온이 낮아진다.

② 건조 기후 – 사막이나 초원 지대가 많다.

③ 냉대 기후 – 농사를 짓고 사람이 살기에 적합하다.

④ 열대 기후 – 일 년 내내 무덥고 비가 많이 내린다.

20 이웃 나라 사람들의 생활 모습 중 다음 내용에 해당하는 나라는?

- 둥글고 큰 식탁에 둘러앉아 음식을 한가운데 두고 먹기 편하도록 젓가락이 길다.
- 뜨겁고 기름진 음식이 미끄러지지 않도록 젓가락 끝이 뭉툭하다.

① 중국　　　② 러시아

③ 일본　　　④ 몽골

21 다음에서 설명하는 나라는?

> • 세계에서 12번째로 넓은 국가이자 아라비아 반도에서 가장 넓은 국가이다.
> • 석유 자원의 수출을 바탕으로 세계 각국에서 여러 기술을 도입해 국가 발전을 이루고 있다.

① 베트남　　　② 사우디아라비아
③ 인도　　　　④ 미국

22 오늘날 교통·통신의 발달이 우리 생활에 끼친 영향으로 바르지 <u>않은</u> 것은?

① 돈 벌기는 쉬우나 돈 쓰기가 어려워졌다.
② 외국 친구와 친하게 지낼 수 있다.
③ 먼 곳을 빠르게 여행할 수 있다.
④ 세계 곳곳의 소식을 쉽게 알 수 있다.

21
사우디아라비아는 연평균 기온이 30℃ 이상으로 덥고 건조하며, 국토면적은 약 215만km². 세계에서 12번째로 넓은 국가이자 아라비아 반도에서 가장 넓은 국가이다.

22
교통과 통신이 잘 구축되어 돈을 벌거나 쓰는 것이 쉬워졌다.

--- ANSWER ---
21. ② 22. ①

NOTE

Chapter 02

정치와 법

01 지역의 공공 기관과 주민 참여

1 우리 지역의 공공 기관

(1) 공공 기관의 의미와 특징

① 개인의 이익이 아닌 주민 전체의 이익과 생활의 편의를 위해 일하는 곳이다.

② 공공 기관의 특징

ㄱ 누구나 쉽게 이용할 수 있다.

ㄴ 국가가 세우거나 관리하고 있다.

ㄷ 개인뿐만 아니라 여러 사람에게 도움이 되는 일을 한다.

③ 중요성 : 공공 기관이 없다면 지역에 여러 가지 문제가 생기거나 주민들의 생활이 불편해질 수 있다.

(2) 공공 기관의 역할과 하는 일

① 공공 기관의 역할

ㄱ 지역 주민들이 안전하고 편리하게 생활할 수 있도록 한다.

ㄴ 지역 주민들이 요청하는 일을 처리해 준다.

② 여러 공공 기관에서 하는 일 중요+

ㄱ 경찰서 : 지역의 안전을 책임지고 질서를 유지한다.

ㄴ 소방서 : 화재의 예방 및 화재가 발생했을 때 불을 끄고, 사고 현장에서 사람들을 구조한다.

ⓒ 교육청 : 학생들의 교육과 관련된 일을 한다.

ⓔ 행정복지센터 : 다양한 분야에서 주민들의 생활에 도움을 준다.

ⓜ 기상청 : 우리 지역의 날씨를 알려주며, 미세 먼지 농도를 측정하고 주민들이 건강을 관리할 수 있도록 측정한 정보를 알려준다.

ⓗ 시·도청 : 지역 발전을 위한 개발 계획을 세우고 실천, 도로·주택·상하수도 등을 건설, 주민들이 생활하는 데 불편한 점을 듣고 해결, 지역 문화가 발전할 수 있도록 박물관과 미술관 등 운영, 지역의 산업을 발전시키고 주민들의 소득을 높이기 위한 일을 한다.

ⓢ 보건소 : 질병의 예방, 진료, 공중 보건을 향상시키기 위해 각 시·군·구에 둔 공공 의료 기관을 말한다.

ⓞ 우체국 : 우편 업무, 택배 및 금융 업무를 하기도 한다.

ⓙ 소방서 : 화재를 예방하고 화재가 났을 때 불을 끄며 위급한 일이 생겼을 때 구조하는 일을 한다.

ⓩ 박물관 : 옛날에 쓰였던 물건이나 예술품을 모아 보관하고 여러 사람에게 보여 주는 곳이다.

ⓚ 도서관 : 책을 읽을 수 있고 대여도 해주며 공부하는 공간을 제공한다.

(3) 우리 지역의 공공 기관을 조사하는 방법

① 지역 신문이나 방송을 찾아본다.

② 인터넷에서 검색을 한다.

③ 선생님이나 부모님 등 어른들께 여쭈어본다.

④ 공공 기관을 견학한다.

공공 기관 견학의 활동 과정

견학하고 싶은 장소 정하기 → 견학 장소에 관해 아는 점과 알고 싶은 점 정리하기 → 견학 계획을 세우고 준비물과 역할 나누기 → 견학 장소 살펴보기 → 알게 된 점을 친구들과 함께 이야기하기 → 견학하며 알게 된 점과 느낀 점을 정리하고 더 알고 싶은 점을 이야기하기 → 견학한 내용을 바탕으로 견학 보고서 작성하기

2 지역 문제와 주민 참여

(1) 지역 문제와 해결 방법 중요⁺

문제	원인	해결 방법
교통 문제	자동차가 늘어나면서 도로와 주차 공간 부족, 교통사고 증가 등의 문제가 발생한다.	• 버스 전용 차로제 실시 • 대중교통 이용 • 주차 시설 건설 • 승용차 요일제 실시
쓰레기 처리 문제	• 무분별한 일회용품 사용 • 쓰레기 분류 배출이 잘 이루어지지 않음	• 일회용품 사용 줄이기 • 쓰레기 분류 배출 • 쓰레기 종량제
환경오염 문제	자동차 배기가스, 공장의 매연과 폐수, 생활 하수 등으로 인해 대기 오염과 물 오염 문제 등이 발생한다.	• 천연가스 버스 운행 • 매연 정화 장치 설치 • 하수 처리 시설과 폐수 처리시설 설치 • 합성 세제 사용량 줄이기
소음 문제	층간 소음, 집 주변의 큰 도로에서 들리는 소음 등의 문제가 발생한다.	• 담, 방음벽 등을 설치하거나 나무를 심는다. • 바닥에 카펫이나 흡음재를 설치한다. • 주택을 지을 때 천장과 벽에 흡음재를 넣는다. • 출입구나 창을 이중으로 설치하고, 틈이 생기지 않도록 한다.

바로로 **확인** ▶▶

쓰레기 문제를 해결하는 방법으로 가장 적절한 것은?
① 시청이나 군청에 무조건 맡긴다.
❷ 쓰레기 분리수거를 한다.
③ 쓰레기 문제에 관심을 갖지 않는다.
④ 쓰레기를 마구 버린다.

(2) 지역 문제를 해결하는 과정

지역의 문제 확인 ➡ 문제 발생 원인 파악 ➡ 문제 해결 방안 탐색 ➡ 문제 해결 방안 결정 ➡

문제 해결 방안 실천

(3) 다른 지역과 함께 해결해야 할 문제

문제	자원 회수 시설, 쓰레기 매립장, 물 재생 센터, 댐 건설 문제 등
해결 방법	해당 지역의 주민들과 지방 자치 단체가 모여 대화와 타협을 통해 해결한다.

(4) 지역의 문제를 해결하기 위한 다양한 방법

① 시·도청에 전화하기

② 시·도청 누리집의 게시판에 의견 제시하기

③ 서명 운동

④ 자원봉사 활동 참여

(5) 주민 참여

① 지역 문제 해결 과정에 지역 주민들이 중심이 되어 참여하는 것이다.

② 주민 참여 방법 : 공청회에 참여하기, 주민 회의에 참여하기, 서명 운동 하기, 시·도청 누리집에 의견 올리기

용어 설명 공청회 : 정책을 결정하기 전에 전문가, 주민 등 다양한 사람들이 모여 의견을 나누는 공개적인 회의

③ 바람직한 태도 : 지역을 잘 알고 있는 지역 주민이 주인의식을 가지고 지역 문제 해결에 앞장서야 한다.

④ 시민 단체

㉠ 지역의 여러 가지 문제를 해결하기 위하여 시민들이 스스로 만든 모임 📖 녹색 연합, 환경 운동 연합, 한국 소비자 연맹, 경제 정의 실천 시민 연합 등

㉡ 활동 분야

환경 분야	우리 지역의 다양한 환경 문제에 관심을 가지고 환경을 보호하는 활동을 한다.
경제 분야	우리 지역의 경제 정책을 살피고 경제 문제를 해결하기 위해 노력한다.
교육 분야	우리 지역의 교육 문제에 관심을 가지고 교육 문제 해결을 위해 노력한다.
그 외의 시민 단체	• 우리 지역의 어려운 사람들을 돕고 봉사 활동을 하는 자원 봉사 시민 단체 • 정치, 문화, 청소년 분야에 관심을 가지고 활동하는 시민 단체

01 지역의 공공 기관과 주민 참여

01 공공 기관은 개인의 이익이 아닌 주민 전체의 이익과 생활의 편의를 위해 일하는 곳이다.

02 지역의 안전을 책임지고 질서를 유지하는 곳은 경찰서이다.

03 기상청은 우리 지역의 날씨를 알려주며, 미세 먼지 농도를 측정하고 주민들이 건강을 관리할 수 있도록 측정한 정보를 알려준다.

04 보건소는 질병의 예방, 진료, 공중 보건을 향상시키기 위해 각 시·군·구에 둔 공공 의료 기관을 말한다.

05 옛날에 쓰였던 물건이나 예술품을 모아 보관하고 여러 사람에게 보여 주는 곳은 박물관이다.

06 지역 문제를 해결하는 과정 : 지역의 문제 확인 → 문제 발생 원인 파악 → 문제 해결 방안 탐색 → 문제 해결 방안 결정 → 문제 해결 방안 실천

07 공청회는 정책을 결정하기 전에 전문가, 주민 등 다양한 사람들이 모여 의견을 나누는 공개적인 회의이다.

08 시민 단체는 지역의 여러 가지 문제를 해결하기 위하여 시민들이 <u>스스로</u> 만든 모임이다.

01 민주적인 방법으로 문제를 해결하는 과정에 담긴 의미로 알맞은 것은?

① 모든 사람들을 평등하게 대한다.

② 다른 사람의 의견을 존중하지 않는다.

③ 나의 의견을 말하지 않는다.

④ 나의 이익을 위해 노력한다.

01
민주적인 방법으로 문제를 해결하는 것에는 모두가 평등하다는 의미가 담겨 있다.

02 우리 지역의 살림을 맡아 보는 곳이 <u>아닌</u> 것은?

기출
① 군청　　　　② 국세청

③ 시청　　　　④ 도청

02
② 국세청은 나라 살림을 맡아 하는 행정부에 포함된다.

03 공공 기관에 대한 설명으로 옳지 <u>않은</u> 것은?

① 국가가 세우거나 관리하고 있다.

② 여러 사람에게 도움이 되는 일을 한다.

③ 누구나 쉽게 이용할 수 있다.

④ 주민 전체의 이익보다는 개인의 이익과 생활의 편의를 위해 일하는 곳이다.

03
개인의 이익이 아닌 주민 전체의 이익과 생활의 편의를 위해 일하는 곳이다.

04 시민 단체에 관한 설명으로 알맞지 <u>않은</u> 것은?

① 환경 보호를 위해 노력한다.

② 시민 단체의 이익만을 위해 노력한다.

③ 각종 문화 행사와 사회 교육에 힘쓴다.

④ 시민들이 스스로 만든 단체이다.

04
시민 단체는 시민들이 자발적으로 만들어 정치를 비롯한 여러 가지 사회 문제에 참여하는 집단이다.

ANSWER
01. ①　**02.** ②　**03.** ④　**04.** ②

05 다세대 주택, 아파트 등에서 층간 소음으로 인한 여러 가지 문제가 발생하고 있다. 층간 소음을 줄이기 위한 방법으로 옳지 <u>않은</u> 것은?

① 딱딱한 재질의 바닥재를 설치한다.

② 주택을 지을 때 천장과 벽에 흡음재를 넣는다.

③ 출입구나 창을 이중으로 설치한다.

④ 문에 도어 체크를 설치한다.

06 다음 지역의 문제를 해결하는 과정을 순서대로 바르게 나열한 것은?

> ㉠ 문제 해결 방안 결정 ㉡ 지역의 문제 확인
> ㉢ 문제 해결 방안 실천 ㉣ 문제 발생 원인 파악
> ㉤ 문제 해결 방안 탐색

① ㉠ → ㉡ → ㉢ → ㉣ → ㉤

② ㉡ → ㉢ → ㉣ → ㉤ → ㉠

③ ㉡ → ㉣ → ㉤ → ㉠ → ㉢

④ ㉢ → ㉣ → ㉤ → ㉠ → ㉡

07 지역의 쓰레기 문제를 해결하기 위한 방법으로 알맞은 것은?

① 주차 시설을 건설한다.

② 대중교통을 이용한다.

③ 승용차 요일제를 실시한다.

④ 쓰레기를 분류 배출하여 재활용한다.

05
층간 소음이 늘어나는 이유 중 하나는 바닥이 딱딱하기 때문이다.

06
지역 문제를 해결하는 과정
지역의 문제 확인 → 문제 발생 원인 파악 → 문제 해결 방안 탐색 → 문제 해결 방안 결정 → 문제 해결 방안 실천

07
①, ②, ③은 교통 문제 해결 방법

ANSWER
05. ① **06.** ③ **07.** ④

08 다음과 같은 일을 하는 공공 기관으로 옳은 것은?

> 지역의 안전을 책임지고 질서를 유지한다.

① 우체국   ② 행정복지센터

③ 경찰서   ④ 시·도청

09
기출
다음 설명에 해당하는 공공 기관은?

> 감염병과 질병을 예방하고 치료하려고 노력한다.

① 공연장   ② 보건소

③ 영화관   ④ 우체국

02 인권 존중과 정의로운 사회

1 인권을 존중하는 삶

(1) 인권의 의미 중요⁺

① 의미 : 성별, 국적, 인종 등에 관계없이 존중 받으며 인간답게 살아갈 권리

② 특성

　㉠ 태어나면서부터 가지는 권리

　㉡ 타인이 함부로 빼앗을 수 없고 남에게 넘겨 줄 수 없는 자연적으로 주어지는 권리

　㉢ 어떤 이유로도 인간답게 살 권리를 침해당해서는 안 된다.

> **바로로 확인▸▸**
>
> **다음 중 ㉠에 들어갈 말로 알맞은 것은?**
>
> 모든 사람은 태어나면서부터 인간답게 살 권리가 있으며, 어떤 이유로도 인간답게 살 권리를 침해당해서는 안 된다. 이처럼 사람이기 때문에 당연히 누리는 권리를 (㉠)(이)라고 한다.
>
> ① 의무　　　❷ 인권
> ③ 청렴　　　④ 희소성

(2) 생활 속에서 인권이 존중되는 모습

① 키 작은 어린이를 위해 낮은 세면대를 설치한다.

② 버스 안 교통 약자를 위한 배려석을 만든다.

③ 노약자나 몸이 불편한 사람을 위해 공공장소에 승강기를 설치한다.

④ 장애인을 위해 장애인 전용 주차구역을 따로 만든다.

(3) 세계 인권 선언

① 국제 연합(UN)은 '세계 인권 선언'을 선포하면서 인권을 인류가 추구해야 할 보편적인 권리로 채택하였다.

용어설명▸ 국제 연합(UN) : 전쟁 방지와 평화 유지를 위해 설립된 국제기구

> **바로로 확인▸▸**
>
> **다음에서 설명하는 것은?**
>
>
>
> • 1945년에 설립되었다.
> • 지구촌의 평화를 유지하고, 전쟁을 방지하기 위한 국제기구이다.
>
> ① 해비타트　　　❷ 국제 연합(UN)
> ③ 국제 앰네스티　④ 세이브 더 칠드런

② 세계 인권 선언은 세계가 자유와 평등을 추구하고 정의를 유지하기 위해서는 인간의 존엄성이 인간 삶의 바탕이 되어야 한다고 강조한다.

용어설명 국민 신문고 : 정부에 대한 모든 민원, 제안, 토론 등을 신청할 수 있는 인터넷 소통 창구로서, 국민권익위원회에서 운영하는 누리집

(4) 우리나라의 인권 기관

국가인권위원회	인권을 침해당한 국민의 요구 사항을 접수하여 조사한 후 관련 기관에 해당 문제를 해결할 것을 요구한다.
국민권익위원회	해결하기 어려운 민원을 처리하고 이와 관련된 불합리한 행정 제도를 개선하여 국민의 권리를 보호하고 침해당한 기본권을 구제하는 데 힘쓴다.
헌법재판소	국가 권력에 의해 침해당한 국민의 기본권을 되찾아 주거나 어떠한 법률 조항이 헌법의 취지에 맞는지 또는 맞지 않는지를 재판한다.
언론중재위원회	• 언론의 잘못된 보도로 기본권이 침해되었을 때 생기는 갈등을 해결한다. • 언론 피해와 관련된 법률 상담 서비스도 제공하고 해당 언론사에 문제를 바로잡을 것을 요청한다.

(5) 인권 신장을 위해 노력했던 옛사람들

방정환	어린이라는 단어를 공식화하며 모든 어린이가 꿈과 희망을 품고 행복하게 자라기를 바라는 마음으로 어린이날을 만들었다.
허균	• 양반 신분이지만 가난한 백성의 편에 서서 신분제도의 잘못된 점을 주장했다. • 허균이 쓴 「홍길동전」에는 당시의 사회 제도를 고쳐야 한다는 생각이 담겨있다.
테레사 수녀	가난하고 아픈 사람을 위해 평생을 바쳤고, 버림받은 아이도 존중해야 한다고 생각했다.
마틴 루터 킹	백인에게 차별받는 흑인의 인권을 신장하고자 노력하였다.

(6) 인권 신장을 위한 옛날 제도 중요⁺

격쟁	억울한 일을 당한 사람이 왕이 거동하는 길거리에서 징이나 꽹과리를 쳐 왕에게 호소했다.
신문고 제도	왕이 억울한 일을 당한 백성들의 사정을 직접 듣고, 그 문제를 해결해 주기 위해 궁궐 밖에 북을 걸어 놓았다.
상언 제도	신분과 관계없이 억울한 일을 문서에 써서 임금에게 호소할 수 있었다.
삼복제	신분과 관계없이 사형에 해당하는 죄인에게 억울함이 없도록 세 번의 재판을 거치도록 했다.

(7) 인권 침해 사례

① 학교에서 일어나는 인권 침해 사례

친구들이 별명을 불러 힘든 경우, 누리 소통망 서비스상에서 언어폭력을 받는 경우, 외모로 놀림 받는 경우, 보건실 시설이 부족한 경우

② 학교 밖 인권 보장이 필요한 사례

다문화 가정의 아이가 친구들에게 외모로 차별받는 경우, 시각장애가 있는 사람이 점자 블록이 설치되지 않아 가고 싶은 곳에 갈 수 없는 경우, 안전 점검을 통과하지 못한 놀이터가 고쳐지지 않고 방치되어 어린이의 놀 권리가 침해받은 경우

(8) 인권 보장을 위한 노력

학교	인권 교육 활동	인권 교육 활동으로 다문화 가족에 대한 편견을 없애고 문화의 다양성을 존중하도록 한다.
시민	인권 개선 활동	시민 단체의 '놀이터를 지켜라' 인권 개선 활동으로 낡고 위험한 놀이터가 안전하고 즐거운 놀이터로 바뀌었다.
국가, 지방자치단체	장애인 공공 편의시설	국가와 지방자치단체에서는 장애인이 안전하고 편리하게 공공시설을 이용할 수 있도록 편의 시설을 설치하여 운영한다.

2 법의 의미와 역할

(1) 법

① 뜻 : 사람들이 지켜야 할 규칙

✍ 법은 자유와 권리를 보장하고 정의로운 사회를 이루기 위해 필요하다.

② 법을 만든 이유 : 모든 사람의 자유와 권리를 보장하고 사람들 사이에서 발생하는 다툼을 공정하게 해결하기 위해

③ 법의 역할

　㉠ 사람들 사이에서 발생하는 분쟁을 해결하여 편안하고 안전하며 행복한 삶을 살게 한다.

　㉡ 사람들이 부당한 행동을 하지 못하도록 하여 정의로운 사회를 만든다.

　㉢ 법을 어기거나 잘못을 저지른 사람을 처벌하는 기준이 되어 사회 질서를 유지한다.

④ 법을 지켜야 하는 이유

　㉠ 법을 어기면 사회질서가 유지되지 않는다.

　㉡ 법을 지키지 않으면 다른 사람에게 피해를 주고 다른 사람의 권리를 침해하기 때문이다.

> **바로로 확인 ▶▶**
>
> 다음 기사에 나타난 법을 만든 목적은?
>
> ○○신문　　　　　○○○○년 ○○월 ○○일
>
> **어린이 보호 구역, 속도를 줄이세요!**
>
> 어린이 보호 구역에서 정해진 속도를 초과하여 운전하면 처벌을 받는 법이 시행된다.
>
> ① 저작권 보호
> ② 개인 정보 보호
> ③ 환경 오염 예방
> ❹ 어린이 교통안전 확보

(2) 헌법　중요⁺

① 헌법의 의미

　㉠ 가장 기본이 되는 법이다.

　㉡ 국민의 자유와 권리를 보장하여 국민이 진정한 국가의 주인이 되는 민주주의를 실현하기 위해 만든 법이다.

ⓒ 국민이 누려야 할 권리와 지켜야 할 의무가 담겨 있다.

ⓔ 국가 기관을 운영하는 기본 원칙을 정해 놓고 있다.

ⓜ 헌법에는 국가를 운영하는 데 가장 중요하고 기본적인 내용들이 담겨 있기 때문에 헌법을 '최고의 법' 혹은 '법 중의 법'이라고 한다.

✎ 제헌절 : 1948년 7월 17일 대한민국 헌법이 제정된 것을 기념하는 날

② 헌법의 기본적인 원리

ⓐ 국가의 주권은 국민에게 있다. 국가의 중요한 일을 결정할 때 국민의 뜻을 우선적으로 존중한다.

ⓑ 국민의 자유와 권리를 최대한 보장해야 한다.

ⓒ 국민이 인간다운 삶을 누릴 수 있도록 노력해야 한다.

ⓓ 국가는 세계의 평화를 유지하고 인류가 발전할 수 있도록 애써야 한다.

ⓔ 우리 민족이 평화적으로 통일을 이룰 수 있도록 노력해야 한다.

③ 헌법의 역할

ⓐ 헌법 재판소 : 법이 헌법에 어긋나는지, 국가 권력이 국민의 권리를 침해하는지 등을 심판한다.

ⓑ 헌법 재판 : 헌법 질서를 지키고 국민의 자유와 권리를 보장하기 위해 실시하는 재판이다.

ⓒ 헌법의 역할 : 개인이 가진 인권을 분명하게 확인하고 이를 보장해준다.

대한민국 헌법

제1조 ① 대한민국은 민주 공화국이다.

② 대한민국의 주권은 국민에게 있고, 모든 권력은 국민으로부터 나온다.

(중간 부분 생략)

제10조 모든 국민은 인간으로서의 존엄과 가치를 가지며, 행복을 추구할 권리를 가진다.

④ 헌법에 나타난 권리와 의무 **중요⁺**

㉠ 국민의 권리 : 헌법은 국민들이 행복하게 사는 것을 권리로 보장하고 있는데, 국가가 함부로 국민의 권리를 침해할 수 없도록 하기 위해서 국민의 권리를 헌법에 정해 놓은 것이다.

평등권	성별, 종교, 사회적 지위에 따라 누구도 차별을 받지 않을 권리
자유권	자유롭게 생각하고 행동할 수 있는 권리 예 신체의 자유, 거주 이전의 자유, 직업 선택의 자유, 종교의 자유 등
참정권	정치에 참여할 수 있는 권리 예 선거에 참여할 권리, 공무원이 되어 나랏일을 할 수 있는 권리 등
청구권	권리가 침해당하였을 경우 국가에 대하여 일정한 요구를 할 수 있는 권리 예 재판 청구권, 청원권
사회권	모든 국민이 인간다운 생활을 할 수 있는 권리 예 교육권, 근로권, 환경권

㉡ 국민의 의무 : 헌법은 국가를 유지하고 발전시키기 위해 국민들이 해야 할 의무를 정해 놓고 있다.

ⓐ 교육의 의무 : 개인과 국가의 발전에 이바지하기 위해 교육을 받을 의무

ⓑ 근로의 의무 : 자신이 맡은 일을 열심히 해야 하는 의무

ⓒ 납세의 의무 : 세금을 성실하게 내야 하는 의무

✎ 국가는 국민이 낸 세금으로 나라 살림을 한다.

ⓓ 국방의 의무 : 나라를 지켜야 하는 의무

ⓔ 환경 보전의 의무 : 건강하고 쾌적한 환경에서 생활하기 위해 환경을 보전해야 하는 의무

바로로 확인 ▶▶

대한민국의 국민이면 누구나 누릴 수 있는 권리를 국민의 기본권이라고 한다. 다음 중 국민의 기본권이 **아닌** 것은?

❶ 병역의 의무　　② 평등권
③ 참정권　　④ 자유권

바로로 확인 ▶▶

다음에서 설명하는 것은?

　모든 국민은 나와 가족, 우리 모두의 안전을 위해 나라를 지킬 의무가 있다.

❶ 국방의 의무　　② 교육의 의무
③ 근로의 의무　　④ 납세의 의무

02 인권 존중과 정의로운 사회

01 인권은 성별, 국적, 인종 등에 관계없이 존중 받으며 인간답게 살아갈 권리이다.

02 국제 연합(UN)은 지구촌의 평화를 유지하고, 전쟁을 방지하기 위한 국제기구이다.

03 세계 인권 선언은 세계가 자유와 평등을 추구하고 정의를 유지하기 위해서는 인간의 존엄성이 인간 삶의 바탕이 되어야 한다고 강조한다.

04 정부에 대한 모든 민원, 제안, 토론 등을 신청할 수 있는 인터넷 소통 창구로서, 국민권익위원회에서 운영하는 누리집은 국민 신문고이다.

05 헌법재판소는 법률 조항이 헌법의 취지에 맞는지 또는 맞지 않는지를 재판한다.

06 신문고 제도는 왕이 억울한 일을 당한 백성들의 사정을 직접 듣고, 그 문제를 해결해주기 위해 궁궐 밖에 북을 걸어 놓았다.

07 법은 사람들이 지켜야 할 규칙이다.

08 성별, 종교, 사회적 지위에 따라 누구도 차별을 받지 않을 권리는 평등권이다.

09 납세의 의무는 세금을 성실하게 내야 하는 의무이다.

01 인권에 대한 설명으로 바른 것은?

기출

① 어린이는 인권을 보호받을 수 없다.

② 장애인은 인권을 보호받을 수 없다.

③ 누구든지 인간다운 삶을 누릴 권리가 있다.

④ 외국인은 국내에서 인권을 보호받지 못한다.

01
인권의 의미 : 성별, 국적, 인종 등에 관계없이 존중 받으며 인간답게 살아갈 권리이다.

02 미국에서 흑인의 인권 보호를 위해 노력한 인물은?

① 넬슨 만델라 　　② 테레사 수녀

③ 버락 오바마 　　④ 마틴 루터 킹 목사

02
마틴 루터 킹 목사는 제2차 세계 대전 후 미국 흑인 인권 운동의 지도자로 활약하였다.

03 국민들이 나라 살림을 위해 소득의 일부를 국가에 납부해야 하는 의무는?

① 국방의 의무 　　② 교육의 의무

③ 납세의 의무 　　④ 근로의 의무

03
납세의 의무 : 세금을 성실하게 내야 하는 의무로, 국가는 국민이 낸 세금으로 나라 살림을 한다.

04 다른 사람의 인권을 보호해야 되는 가장 타당한 이유는?

기출

① 인권은 인간으로서 누구나 갖는 권리이기 때문에

② 다른 나라 언론에서 비난하기 때문에

③ 인권 보호에 대한 국제법이 있기 때문에

④ 인권을 보호하지 않으면 처벌받기 때문에

04
인권은 태어나면서부터 가지는 권리로, 어떤 이유로도 인간답게 살 권리를 침해당해서는 안 된다.

ANSWER
01. ③　02. ④　03. ③　04. ①

05 다음에서 설명하고 있는 우리나라의 인권 기관은?

> 인권을 침해당한 국민의 요구 사항을 접수하여 조사한 후 관련 기관에 해당 문제를 해결할 것을 요구한다.

① 헌법재판소　　　　② 국가인권위원회
③ 국민권익위원회　　④ 언론중재위원회

06 다음 중 인권 보호가 가장 필요한 사람은 누구인가?

① 대통령　　　　② 선생님
③ 기업인　　　　④ 외국인 근로자

07 다음 중 인권 침해 사례는?

기출
① 예절을 지켜 대화하기
② 다른 사람의 일기 몰래 보기
③ 사회적 약자를 위한 배려석 만들기
④ 시각 장애인을 위한 점자 블록 설치하기

08 인권을 보호하기 위한 노력과 거리가 먼 것은?

기출
① 노숙인 쉼터를 만든다.
② 외국인 근로자를 차별 대우한다.
③ 장애인을 위한 시설물을 설치한다.
④ 홀로 사는 노인들을 위해 생활비를 지원한다.

ANSWER
05. ② 06. ④ 07. ② 08. ②

09 다음 중 법에 대한 설명으로 옳지 <u>않은</u> 것은?

① 사람들 사이에서 발생하는 분쟁은 법을 통해 해결할 수 없다.

② 법을 어긴 사람은 법에 따라 처벌을 받는다.

③ 정의로운 사회를 만드는 역할을 한다.

④ 사회 질서를 유지하는 데 도움을 준다.

09

사람들 사이에서 발생하는 다툼을 공정하게 해결하기 위해 법을 만들었다.

10 기출 다음 설명에 해당하는 사람은?

모든 어린이가 행복하게 자라기를 바라는 마음으로 어린이날을 만드셨어요.

① 허균   ② 방정환

③ 유관순   ④ 이순신

10

방정환
어린이라는 단어를 공식화하며 모든 어린이가 꿈과 희망을 품고 행복하게 자라기를 바라는 마음으로 1923년 한국 최초의 어린이날을 만들었다.

11 기출 다음 설명에 해당하는 국민의 의무는?

모든 국민은 자녀가 잘 성장할 수 있도록 교육을 받게 할 의무가 있다.

① 교육의 의무   ② 국방의 의무

③ 근로의 의무   ④ 납세의 의무

11

② 국방의 의무 : 나라를 지켜야 하는 의무

③ 근로의 의무 : 자신이 맡은 일을 열심히 해야 하는 의무

④ 납세의 의무 : 세금을 성실하게 내야 하는 의무

12 우리나라 헌법을 최초로 공포한 것을 기념하는 날은?

① 제헌절
② 광복절
③ 삼일절
④ 개천절

12

② 광복절(8월 15일) : 우리나라의 광복을 기념하기 위하여 제정한 국경일
③ 삼일절(3월 1일) : 3·1 운동을 기념하기 위하여 제정한 국경일
④ 개천절(10월 3일) : 우리나라의 건국을 기념하는 국경일

13 다음에서 설명하는 권리는?

기출

- 국가의 정치 의사 형성 과정에 참여할 수 있는 권리이다.
- 모든 국민은 법률이 정하는 바에 의하여 선거권을 가진다(헌법 제24조).

① 자유권
② 참정권
③ 청구권
④ 평등권

13

참정권 : 민주 국가의 주인으로 국민이 국민의 대표를 뽑는 선거를 할 수 있는 권리, 대표가 될 수 있는 후보로 나설 권리 등을 말한다.

14 그림에 나타난 차별의 종류로 가장 적절한 것은?

기출

① 나이
② 언어
③ 장애
④ 종교

14

어떤 일을 맡아 일을 할 수 있는 능력이 있는데도 입사 채용에서 고령자를 차별하는 것은 나이에 대한 차별에 해당된다.

ANSWER

12. ① **13.** ② **14.** ①

03 일상생활과 민주주의

1 생활 속의 정치

(1) 정치의 의미

사람들 사이에 발생하는 갈등과 다툼을 조정하고 여러 사람에게 영향을 미치는 공동의 문제를 해결해 가는 활동 **예** 학급 어린이 회의, 토론회

(2) 민주 정치의 세 가지 원리

① 국가의 주인은 국민 : 국민이 뽑은 대표자가 국민의 의견을 받아들여 국가의 중요한 결정을 한다.

② 국가 권력을 나누어 가짐 : 국회, 행정부, 법원이 국가 권력을 나누어 갖는다.

③ 법에 따라 나라를 다스림 : 국민의 권리와 의무를 법으로 정해 놓는다.

(3) 우리 생활 속의 정치 문제

① 우리가 함께 지켜야 할 규칙은 무엇인가?

② 누가 우리 지역의 대표자가 되어야 하는가?

③ 국민이 낸 세금은 어디에 사용하는 것이 좋은가?

2 민주주의 중요⁺

(1) 민주주의의 의미

모든 사람들이 스스로 삶의 주인이 되어 자유롭고 평등한 입장에서 대화와 토론을 통해 사람들 사이에서 발생하는 갈등과 다툼, 공동의 문제를 해결해 가는 정치 방식

✎ 군주제 : '국왕'이나 '황제' 등 국가의 최고 권력을 가진 군주가 국가의 중요한 일을 결정하고 시행하는 정치 방식

> **바로 확인 ▶▶**
>
> **민주주의 국가의 특징은?**
> ① 갈등은 무력으로 해결한다.
> ❷ 국가의 주권은 국민에게 있다.
> ③ 피부색에 따라 사는 곳이 다르다.
> ④ 국가 일은 모두 국왕이 결정한다.

(2) 민주주의의 기본 정신

① **인간 존엄성** : 사람들은 태어나는 순간부터 외모, 성별, 재산 등에 관계없이 서로를 한 사람의 인간으로서 소중히 대하여야 한다.

② **자유** : 자신의 의사를 스스로 결정할 수 있는 자유를 인정하고 다른 사람의 자유를 침해해서는 안 된다.

③ **평등** : 생김새, 피부색, 종교, 소득에 따라 사람을 차별해서는 안 된다.

3 선거

(1) 선거의 의미 : 선거권을 가진 사람이 자신들의 대표를 투표로 직접 뽑는 제도로 민주주의의 기본이다.

✎ 국민들이 투표에 참여하는 것은 투표를 통해 국가의 주인으로서 주권을 행사하는 것이다.

(2) 선거의 4원칙 중요⁺

① **보통 선거** : 일정한 나이(만 18세)가 된 모든 국민에게는 선거권이 있다.

② **평등 선거** : 신분이나 재산, 성별, 학력 등 조건에 관계없이 한 사람이 한 표씩 투표할 수 있다.

③ **직접 선거** : 다른 사람이 대신할 수 없고 자신이 직접 투표를 한다.

④ **비밀 선거** : 자신이 어떤 후보를 선택했는지 비밀이 보장된다.

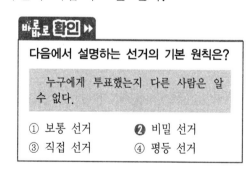

바로로 확인 ▶▶

다음에서 설명하는 선거의 기본 원칙은?

누구에게 투표했는지 다른 사람은 알 수 없다.

① 보통 선거　　❷ 비밀 선거
③ 직접 선거　　④ 평등 선거

(3) 선거 관리 위원회 중요+

① 선거와 국민 투표의 공정한 관리 및 정당에 관한 여러 가지 일을 처리하는 기관이다.

② 후보자나 유권자들이 선거법을 어기지 않도록 예방 및 감시하고 단속하는 활동을 한다.

③ 선거가 끝난 후에는 선거 비용의 수입과 지출을 확인하고 조사하여 깨끗한 선거가 이루어지도록 한다.

(4) 선거를 통해 주민의 대표를 뽑는 이유

많은 사람들이 모여 살고 있어서 지역에 중요한 일이 생기면 모든 사람들이 모여서 결정을 내리기 어렵기 때문이다.

(5) 민주주의를 실천하는 태도 중요+

일상생활에서 부딪히는 다양한 문제와 갈등을 해결하려면 대화와 토론을 바탕으로 관용과 비판적 태도, 양보와 타협하는 자세가 필요하고, 함께 결정한 일을 따르고 실천해야 한다.

> • 관용 : 나와 다른 의견을 인정하고 포용하는 태도
> • 비판적 태도 : 사실이나 의견의 옳고 그름을 따져 살펴보는 태도
> • 양보와 타협하는 자세 : 상대방에게 어떤 일을 배려하고 서로 협의하는 자세

 알아두기

선거를 통해 뽑을 수 있는 사람 중요+

대통령, 국회의원, 시장, 도지사, 구청장, 시·도 의원, 군수 등
→ 지방선거를 통해 뽑을 수 있는 사람

(6) 민주적 의사 결정의 원리

① 대화와 토론, 타협, 다수결의 원칙, 소수 의견 존중 등이 있다.

② 민주적 의사 결정에 따른 문제 해결 순서

문제 확인 ➡ 문제 발생 원인 파악 ➡ 문제 해결 방안 탐색 ➡ 문제 해결 방안 결정

➡ 문제 해결 방안 실천

민주적 의사 결정 원리 중요⁺

• 토론 : 어떤 문제에 대하여 여러 사람이 각각 의견을 말하여 논의하는 것
• 타협 : 어떤 일을 서로 양보하여 협의하는 것
• 다수결의 원칙 : 많은 사람들의 의견에 따라 결정하는 것
• 소수 의견 존중 : 다수의 의견이 언제나 옳은 것은 아니므로 소수의 의견을 존중해야 함

바로바로 확인 ▸▸

그림에서 알 수 있는 민주적 의사 결정 원리는?

가장 많은 표를 받은 배구로 결정했어.

① 강요   ② 시험
③ 제비뽑기   ❹ 다수결의 원칙

4 민주정치의 원리와 국가 기관의 역할

(1) 주권

① 국민이 한 나라의 주인으로서 나라의 중요한 일을 스스로 결정하는 권리를 말한다.

② 주권을 지키려는 노력

   ㉠ 국민의 노력

      ⓐ 4·19 혁명 : 이승만 정권의 부패와 3·15 부정 선거의 원인

      ⓑ 5·18 민주화 운동 : 1980년 광주에서 일어난 민주화 시위

      ⓒ 6월 민주 항쟁 : 군사 정권의 권력 유지 시도를 저지하고 민주화를 이룬 사건

      ⓓ 유신헌법 반대 운동 : 독재 체제와 장기 집권을 반대하는 운동

   ㉡ 국가기관의 노력 : 국회, 정부, 법원 등의 국가기관이 서로 국가 권력을 나누어 행사하고 있다.

(2) 국가기관의 역할 중요⁺

① 국회

   ㉠ 국회의원 : 4년에 한 번씩 선거를 통해 선출

   ㉡ 하는 일 : 법을 만드는 일, 일반 국정에 관한 일, 나라 살림에 관한 일

② 정부

대통령	우리나라를 대표하는 지도자, 정부를 통솔하여 국가의 중요한 일을 결정한다. ※ 대통령의 임기 : 5년(한 번 대통령을 한 사람은 다음 선거에 나올 수 없음)
국무총리	대통령을 보좌하여 행정 각부를 총괄한다.
행정 각부	다른 부서와 협력하여 국가의 중요한 일을 해결하기 위해 노력한다.

③ 법원

   ㉠ 하는 일

      ⓐ 법원이 하는 가장 중요한 일은 재판을 하는 것이다.

용어 설명 재판 : 구체적인 분쟁 사건에 대하여 법원이 일정한 절차를 거쳐 판단을 내리는 것

      ⓑ 법에 따라 옳고 그름을 따져 사람들 간에 발생하는 갈등을 해결한다.

ⓒ 다른 사람이나 사회 전체에 피해를 준 사람에게는 벌을 주어서 사회 질서를 유지한다.

ⓛ 재판의 종류 **중요⁺**

ⓐ 민사 재판 : 개인 간에 발생하는 문제를 해결하기 위한 재판

ⓑ 형사 재판 : 사기, 강도, 살인과 같이 사회 질서를 어지럽히는 행동을 한 사람에게 벌을 주기 위한 재판

바름로 확인 ▶▶

다음에서 설명하는 것은?

• 법에 따라 나라의 살림을 맡아 한다.
• 조직에는 대통령을 중심으로 국무총리와 여러 개의 부, 처, 청 그리고 위원회가 있다.

① 국회   ② 법원
❸ 정부   ④ 헌법 재판소

(3) 삼권 분립 **중요⁺**

① 의미 : 국가 권력을 국회(입법부 – 법 제정), 정부(행정부 – 국가 운영), 법원(입법부 – 법 적용)의 세 기관이 나누어 맡게 하는 것

② 목적

㉠ 국가 권력이 어느 한쪽으로 집중되지 않도록 막는다.

㉡ 서로 견제하며 균형을 이루어 국민의 자유와 권리를 보장한다.

바름로 확인 ▶▶

다음에서 설명하는 것은?

우리나라는 국가 권력을 국회, 정부, 법원이 나누어 맡고 있다. 이것은 서로 견제와 균형을 이루어 국민의 자유와 권리를 지키기 위해서이다.

① 3심 제도   ② 사회 복지 제도
③ 선거 제도   ❹ 삼권 분립 제도

더 알아두기 •••

법원의 종류

대법원 **중요⁺**	• 우리나라 최고의 법원 • 3심 재판을 맡는다.	• 서울에 있다.
고등 법원	• 지방 법원의 상급 법원 • 2심 재판을 맡는다.	• 서울, 부산, 대구, 광주, 대전에 있다.
지방 법원	• 민사 재판과 형사 재판을 맡는 1심 법원 • 서울과 주요 도시에 있다.	

03 일상생활과 민주주의

01 정치는 사람들 사이에 발생하는 갈등과 다툼을 조정하고 여러 사람에게 영향을 미치는 공동의 문제를 해결해 가는 활동이다.

02 민주주의는 자유롭고 평등한 입장에서 대화와 토론을 통해 사람들 사이에서 발생하는 갈등과 다툼, 공동의 문제를 해결해 가는 정치 방식이다.

03 선거의 4원칙 : 보통 선거, 평등 선거, 직접 선거, 비밀 선거

04 선거 관리 위원회 : 선거와 국민 투표의 공정한 관리 및 정당에 관한 여러 가지 일을 처리하는 기관이다.

05 주권은 국민이 한 나라의 주인으로서 나라의 중요한 일을 스스로 결정하는 권리를 말한다.

06 4·19 혁명은 이승만 정권의 부패와 3·15 부정 선거의 원인으로 일어났다.

07 국회의원은 4년에 한 번씩 선거를 통해 선출한다.

08 대통령이 외국에 나갔을 때 나라 안에서 대통령의 일을 대신하는 사람은 국무총리이다.

09 개인 간에 발생하는 문제를 해결하기 위한 재판은 민사 재판이다.

10 삼권 분립이란 국가 권력을 국회, 정부, 법원의 세 기관이 나누어 맡게 하는 것이다.

11 대법원은 우리나라 최고의 법원으로 3심 재판을 맡는다.

01 다음은 국민의 어떤 권리를 말하고 있는가?
기출

> 모든 국민은 법 앞에 평등하므로, 그 누구도 성별, 종교, 직업 등에 의하여 사회생활의 모든 영역에서 차별을 받지 않을 권리를 가진다.

① 자유권　　　　② 사회권
③ 평등권　　　　④ 참정권

01
평등권 : 성별, 종교, 사회적 지위에 따라 누구도 차별을 받지 않을 권리

02 행정부를 구성하고 있지 않은 사람은?

① 장관　　　　　② 국회 의원
③ 대통령　　　　④ 국무총리

02
정부는 대통령, 국무총리, 행정 각부로 구성된다.

03 민주 선거 네 가지 원칙 중 뽑고자 하는 대표자를 선거권을 가진 사람이 직접 뽑는 선거를 무엇이라고 하는가?

① 보통 선거　　　② 직접 선거
③ 평등 선거　　　④ 비밀 선거

03
직접 선거 : 다른 사람이 대신할 수 없고 자신이 직접 투표를 한다.

04 다음 설명과 관계가 있는 기관은?
기출

> • 국민을 위한 법을 만든다.
> • 국가의 예산을 심의하고 확정한다.

① 법원　　　　　② 국회
③ 감사원　　　　④ 국세청

04
국회가 하는 일
• 국민 생활에 필요한 법을 만들거나 고치는 일을 한다.
• 정부가 국민을 위해 정책을 잘 집행하고 있는지 살펴보고 잘못된 부분이 있으면 고치도록 한다.
• 국민들이 낸 세금이 국민 전체를 위해 올바르게 사용될 것인지 살펴본다.

ANSWER
01. ③　02. ②　03. ②　04. ②

05 우리 생활에서 볼 수 있는 민주 정치의 모습은?

① 선진국의 문화를 따라 한다.

② 학급 회의에 열심히 참여한다.

③ 선생님이 모든 규칙을 결정한다.

④ 부모님의 뜻에 따라 열심히 공부한다.

05
생활 속 정치의 모습 : 가족회의, 학급 어린이 회의, 마을 토론회 등

06 국회의원의 역할에 대하여 가장 바르게 설명한 것은?

① 국민의 대표로 법을 만든다.

② 국가의 중요한 정책을 집행한다.

③ 국민의 생명과 재산을 보호한다.

④ 법에 따라 잘함과 잘못함을 판단한다.

06
국회의원은 국민의 생활에 영향을 미치는 법을 공정하고 합리적으로 만들기 위해 노력해야 한다.

07 **기출** 다음에서 ㉠에 들어갈 말로 알맞은 것은?

> 한 나라의 영역은 그 나라의 ㉠ 이 미치는 범위를 말하며 영토, 영해, 영공으로 이루어진다.

① 국민

② 산업

③ 인권

④ 주권

07
국토의 영역은 국가의 주권이 미치는 범위로, 영토(땅), 영해(바다), 영공(하늘)으로 나뉜다.

• 국민 주권 : 국민이 한 나라의 주인으로서 나라의 중요한 일을 스스로 결정하는 권리

08 민주주의의 기본 정신으로 옳은 것은?

① 독재, 자유, 평등

② 사랑, 평등, 자유

③ 인간 존엄성, 자유, 평등

④ 인간 존엄성, 사랑, 평등

08
민주주의는 인간 존엄성, 자유, 평등의 정신을 기반으로 한다.

ANSWER
05. ② **06.** ① **07.** ④ **08.** ③

09 국가의 중요한 일을 결정할 때 국민의 뜻을 우선적으로 존중해야 한다는 헌법의 기본 원리는 무엇인가?

① 국민 주권의 원리

② 복지 국가의 원리

③ 자유 민주주의의 원리

④ 국제 평화주의의 원리

09
국민 주권의 원리 : 국가의 주권은 국민에게 있다.

10 **기출** 다음에서 설명하는 것은?

- 국가 원수로서 외국에 대해 우리나라를 대표한다.
- 정부의 최고 책임자로 우리나라의 중요한 일을 결정한다.
- 우리나라에서는 국민이 직접 뽑는 선거를 통해 선출된다.

① 경찰관   ② 대통령

③ 변호사   ④ 전교 학생 회장

10
대통령 : 우리나라를 대표하는 지도자로 정부를 통솔하여 국가의 중요한 일을 결정하는데, 임기는 5년(한 번 대통령을 한 사람은 다음 선거에 나올 수 없음)이다.

11 다음 중 선거 관리 위원회가 하는 역할로 옳지 않은 것은?

① 정부의 간섭이나 영향을 받는 기관이다.

② 선거와 국민 투표의 공정한 관리를 한다.

③ 선거가 끝난 후에는 선거 비용의 수입과 지출을 확인하고 조사한다.

④ 후보자나 유권자들이 선거법을 어기지 않도록 예방 및 감시하고 단속하는 활동을 한다.

11
선거는 공정하게 이루어져야 하기 때문에 외부의 간섭이나 영향을 받지 않고 오직 헌법과 법률이 정하는 바에 따라야 한다.

ANSWER

09. ①   10. ②   11. ①

12
기출 ㉠에 들어갈 사건으로 적절한 것은?

> **㉠**의 전개 과정과 결과
> • 배경 : 전두환 정부는 민주주의를 요구하는 사람
> 들을 탄압함.
> • 과정 : 대통령 직선제를 요구하며 시위를 벌임.
> • 결과 : 대통령 직선제를 포함한 민주화 요구를 받
> 아들인다는 6・29 민주화 선언을 함.

① 갑신정변 ② 동학 농민 운동
③ 4・19 혁명 ④ 6월 민주 항쟁

13 지역 주민들이 선거를 통해 뽑을 수 있는 지역의 대표로 알맞지 <u>않은</u> 사람은?

① 시장 ② 경찰서장
③ 군수 ④ 시의원

12
6월 민주 항쟁
1987년 6월, 5・18 광주 민주화 운동 (1980년)에 대해 진실을 규명해줄 것과, 대통령 선거를 국민이 직접 하는 것을 주장하며 민주화 시위가 전국에서 일어났다. 군사 독재를 끝내고 민주 헌법을 만들자는 학생과 시민의 요구가 국민의 호응을 받았다.

13
시장, 시・도 의원, 시・군 의원은 지역 주민들의 투표를 통하여 선출된다.

ANSWER
12. ④ 13. ②

01 지역의 살림살이를 맡아 보는 기관은 어디인가?

① 보건소　　　　② 경찰서
③ 시·군청　　　　④ 교육청

02 국민의 의무에 대한 설명으로 잘못된 것은?

① 남자들은 성인이 되면 누구나 군대에 가야 한다.
② 우리나라에서는 국민의 의무를 법으로 정해 놓았다.
③ 소득이 있는 사람은 누구나 세금을 내야 한다.
④ 누구나 종교를 한 가지씩 가져야 한다.

03 인권에 대한 설명으로 바르지 않은 것은?

① 인간이 인간답게 살아갈 권리이다.
② 영구히 박탈당하지 않는 권리이다.
③ 국가는 국민의 인권을 무시해도 된다.
④ 태어나면서부터 가지게 되는 권리이다.

04 지역 문제를 해결하는 과정에서 지켜야 할 태도로 바르지 않은 것은?

① 자기의 의견만 내세운다.
② 소수의 의견을 존중한다.
③ 서로 타협하며 해결 방법을 찾는다.
④ 다수결의 원칙에 따라 투표를 한다.

01 시·군청 : 지역의 살림살이를 결정하고 맡아서 처리하며, 지역 주민들과 지역의 발전을 위한 일을 한다.

02 종교의 자유를 보장하고 있다.

03 인권은 자연적으로 주어지는 것으로, 성별, 국적, 인종 등에 관계없이 인간답게 존중받으며 살아갈 수 있는 권리이다.

04 자기의 의견만 내세우지 않고 대화와 타협을 통해 해결 방법을 찾는다.

ANSWER
01. ③　02. ④　03. ③　04. ①

05 질병에 걸렸거나 나이가 많아서 생활할 능력이 없는 국민이 국가의 보호를 받을 권리는 무엇인가?

① 청구권 ② 사회권
③ 평등권 ④ 참정권

06 정부에서 한 일 때문에 개인이 손해를 보아 정부 기관을 상대로 청구하는 재판은?

① 헌법 재판 ② 행정 재판
③ 형사 재판 ④ 민사 재판

07 다음 중 지방 정부에서 하는 일이 <u>아닌</u> 것은?

① 어린이와 장애인을 위한 시설을 짓는다.
② 지역을 순찰하고 범죄를 저지른 사람을 잡는다.
③ 지역을 개발할 계획을 세우고 실천한다.
④ 박물관이나 미술관을 운영한다.

08 어린이가 생활 속에서 실천할 수 있는 인권 보호 활동이 <u>아닌</u> 것은?

① 몸이 불편한 친구를 도와준다.
② 피부색이 다른 친구를 따돌린다.
③ 쓰지 않는 물건을 모아서 기부한다.
④ 용돈을 모아 다른 나라 어린이를 돕는다.

09 다음 중 정치 문제가 <u>아닌</u> 것은?

① 학교의 규칙은 누가 정해야 할까?
② 이번 여름방학 때 무엇을 할까?
③ 세금은 얼마나 걷어야 할까?
④ 서울특별시의 시장은 누가 되는 것이 좋을까?

09
정치는 사람들 사이에 발생하는 갈등과 다툼을 조정하고 여러 사람에게 영향을 미치는 공동의 문제를 해결해 가는 활동이다.

10 헌법이 보장하고 있는 자유권에 해당하지 <u>않는</u> 것은?

① 선거의 자유　② 신체의 자유
③ 직업 선택의 자유　④ 종교의 자유

10
자유권은 자유롭게 생각하고 행동할 수 있는 권리이다. 신체의 자유, 거주 이전의 자유, 직업 선택의 자유, 종교의 자유 등

11 선거할 때에만 참여할 수 있는 가장 쉽고 보편적인 정치 참여 방법은?

① 투표　② 시위
③ 인터넷에 의견 제시　④ 시민 단체 참여

11
투표는 가장 쉽고 보편적인 정치 참여 방법으로, 선거할 때에만 참여할 수 있다.

12 우리나라 민주화 과정을 순서대로 연결한 것은?

> ㉠ 대한민국 정부 수립　㉡ 6월 민주 항쟁
> ㉢ 5·18 민주화 운동　㉣ 4·19 혁명

① ㉠ → ㉡ → ㉢ → ㉣
② ㉠ → ㉣ → ㉢ → ㉡
③ ㉢ → ㉡ → ㉠ → ㉣
④ ㉣ → ㉠ → ㉢ → ㉡

12
대한민국 정부 수립(1948년) → 4·19 혁명(1960년) → 5·18 민주화 운동(1980년) → 6월 민주 항쟁(1987년)

ANSWER
09. ② 10. ① 11. ① 12. ②

13 다음은 무슨 재판에 대한 설명인가?

> 헌법재판소에서 위헌 법률 심판 및 탄핵 소송, 정당 해산 소송, 헌법 소원 등 헌법에 관한 쟁의를 사법적 절차에 따라 해결하는 법률 행위이다.

① 헌법 재판　　　② 민사 재판
③ 행정 재판　　　④ 형사 재판

13
헌법 재판은 헌법재판소에서 하는 재판으로 위헌 법률 심판, 탄핵 심판, 헌법 소원 등을 심판한다.

14 다음에서 나타나는 지역의 문제로 옳은 것은?

> 자동차 배기가스, 공장의 매연과 폐수, 생활 하수 등으로 인해 대기 오염과 물 오염 문제 등이 발생한다.

① 교통 문제　　　② 환경오염 문제
③ 소음 문제　　　④ 쓰레기 처리 문제

14
환경오염에는 토양 오염, 수질 오염, 대기 오염 등이 있다.

15 인권을 지키기 위한 국가의 노력이 <u>아닌</u> 것은?
① 국회에서 소외된 사람들을 위한 법을 만든다.
② 소년 소녀 가장들에게 생활비를 지원해 준다.
③ 모든 국민들에게 집과 생활비를 마련해 준다.
④ 노인들을 위한 양로원 및 재활 센터 등을 운영한다.

15
국가에서는 국민들의 인권을 보호하기 위해 생활 보호법, 최저 임금제, 국민건강보험, 법률 구조 제도, 국가 인권위원회의 설치 등의 여러 가지 사회 복지 제도를 만들어 인권 보호에 노력하고 있다.

A N S W E R
13. ① 14. ② 15. ③

16 다음 중 국민의 의무에 속하지 <u>않는</u> 것은?

① 국방의 의무　　② 납세의 의무

③ 교육의 의무　　④ 사회봉사의 의무

17 다음에서 설명하는 것은 무엇인가?

> • '최고의 법' 혹은 '법 중의 법'이라고 한다.
> • 국민의 자유와 권리를 보장하여 국민이 진정한 국가의 주인이 되는 민주주의를 실현하기 위해 만든 법이다.

① 헌법　　② 법률

③ 규칙　　④ 교칙

18 국회에서 하는 일 중에서 가장 대표적인 것은?

① 나라 살림을 맡아 본다.

② 국민을 위한 법을 만든다.

③ 국가의 치안을 유지한다.

④ 사람들 사이의 다툼을 해결한다.

NOTE

Chapter 03

경제

Chapter 03 경제

 경제 활동과 선택, 생산과 소비의 모습, 경제적 교류, 시장에서 가계와 기업의 경제 활동, 우리나라 경제의 특징에 관한 문제를 이해하고 제대로 파악해야 한다. 또한 경쟁의 이점, 우리나라 경제의 시대별 성장 모습 및 문제점과 해결 노력에 관한 문제도 반드시 학습해야 한다. 아울러 나라와 나라 사이의 경제 교류, 우리나라와 다른 나라의 경제 관계에 대한 내용을 이해하고 제대로 파악해야 한다.

01 필요한 것의 생산과 교환

1 경제 활동과 현명한 선택

(1) 경제 활동과 선택 중요⁺

① 경제 활동 : 생활에 필요한 여러 가지 것들을 만들어 내고, 이것들을 사고팔거나 사용하는 것과 관련된 모든 일들을 말한다.

② 선택의 문제가 일어나는 까닭 : 사람들이 필요로 하거나 원하는 것들은 많지만 그것을 만들거나 사는 데 필요한 자원과 돈이 한정되어 있기 때문이다.

> • 희소성 : 사람이 쓸 수 있는 돈이나 자원은 한정되어 있으므로 원하는 것을 모두 가질 수는 없다.
> • 선택의 문제 : 어떤 것을 고를지 고민하는 상황으로 경제 활동을 하는 모든 사람에게 일어난다.

(2) 현명한 선택 중요⁺

① 현명한 선택이 중요한 까닭 : 한정된 자원과 돈을 알뜰하게 사용하기 위해서이다.

② 현명한 선택을 하기 위해 고려해야 할 점

㉠ 물건을 사기 전에 나에게 꼭 필요한 것인지 따져 본다.

㉡ 선택한 물건을 사용함으로써 얻게 될 즐거움이나 편리함을 미리 따져 본다.

바로바로 확인

물건을 살 때 선택 기준으로 가장 바람직한 것은?
① 가장 비싼 물건만 산다.
② 갖고 싶은 것은 무엇이든 산다.
❸ 각 물건의 좋은 점을 비교하여 산다.
④ 다른 사람이 갖고 있는 물건을 따라서 산다.

ⓒ 가격, 성능, 디자인, 고장 수리 여부 등을 고려한다.

ⓓ 사회와 환경에 끼치는 영향을 생각한다.

(3) 생산과 소비의 모습

① 생산 : 생활에 필요한 물건을 만들거나 사람들이 필요한 것을 제공하는 것이다.

생산 활동	산업별	직업
자연에서 직접 필요한 것을 얻는 생산 활동	농업, 임업, 어업	농부, 어부 등
생활에 필요한 것을 만드는 생산 활동	제조업, 건설업	자동차 부품 생산자, 건설업자, 식품 제조업자 등
생활을 편리하고 즐겁게 해 주는 생산 활동	서비스업	은행원, 판매원, 예술가, 연예인 등

② 소비 : 생산한 것을 쓰는 것, 서비스를 이용하는 것이다.

ⓐ 현명한 소비 생활을 하기 위한 방법

ⓐ 목돈을 마련하거나 예상하지 못한 일을 대비하기 위해 소득의 일부를 저축한다.

ⓑ 물건을 고르거나 살 때 미리 선택 기준을 세운다.

ⓒ 돈을 어디에 썼는지 알아보고 돈의 사용 계획을 세울 수 있는 가계부를 쓴다.

ⓓ 판매 지역, 판매 방법 등에 따라 가격이 다른 경우가 많아 살 물건의 가격과 정보를 확인한다.

ⓛ 물건의 정보를 얻는 방법

ⓐ 인터넷을 검색 : 여러 제품의 가격을 한눈에 비교할 수 있고, 다른 소비자의 의견을 알 수 있다.

ⓑ 신문, 라디오, 텔레비전 광고 : 새로 나온 상품의 품질과 특성에 관한 정보를 얻을 수 있다.

ⓒ 상점 방문 : 판매원에게 궁금한 것을 물어볼 수 있으며 물건을 직접 비교할 수 있다.

ⓓ 주변 사람들에게 물어보기 : 가격, 품질, 상품의 장단점을 자세히 알 수 있다.

2 교류하며 발전하는 우리 지역

(1) 주변의 상품이 어디에서 왔는지 조사하는 방법

① 품질 인증 마크 확인   ② 대형 할인점의 광고지 확인

③ 누리집에서 상품 소개 자료 검색   ④ 통계 자료 분석

⑤ 상품 정보 확인   ⑥ QR 코드를 스캔하여 조사

(2) 경제적 교류

① 의미 : 개인이나 지역, 국가가 경제적인 이익을 얻기 위해 물건, 기술, 정보 등을 주고받는 것

② 경제적 교류가 생기는 이유

    ㉠ 지역의 특산물을 소개하거나 지역을 홍보해 경제적 이익을 얻을 수 있다.

    ㉡ 기술 협력으로 더 나은 상품을 개발할 수 있다.

    ㉢ 다른 지역의 경제 소식 등 유용한 정보를 주고받을 수 있다.

    ㉣ 다른 지역의 우수한 물건을 소개하고 화합을 가져온다.

(3) 우리 지역의 다양한 경제적 교류

① 지역 대표 자원의 경제적 교류 : 지역 내 또는 다른 시·도와의 경제적 협력, 여러 지역이 협력한 교류 활동 등

② 대중 매체를 이용한 경제적 교류 : 스마트폰, 인터넷, 홈 쇼핑 등을 이용해 물건을 구매

③ 대형 시장을 이용한 경제적 교류 : 전통 시장, 도소매 시장, 대형 할인점 등에서 물건을 사고파는 방법 등

④ 다양한 문화 활동과 함께하는 경제적 교류 : 문화, 기술 등과 함께 경제적 교류가 활발히 이루어지기도 함

⑤ 촌락과 도시의 생산물에 따른 경제적 교류 : 각 지역의 풍부한 생산물을 중심으로 경제적 교류가 이루어짐

01 필요한 것의 생산과 교환

01 생활에 필요한 여러 가지 것들을 만들어 내고, 이것들을 사고팔거나 사용하는 것과 관련된 모든 일은 경제 활동이다.

02 희소성은 사람이 쓸 수 있는 돈이나 자원은 한정되어 있으므로 원하는 것을 모두 가질 수는 없다.

03 생산은 생활에 필요한 물건을 만들거나 사람들이 필요한 것을 제공하는 것이다.

04 생산한 것을 쓰는 것, 서비스를 이용하는 것은 소비이다.

05 합리적인 용돈 관리 태도
- 불필요한 지출을 줄여 저축을 많이 한다.
- 물건을 아껴 쓰고 사야 할 물건의 목록을 미리 적어 두고 구입한다.
- 용돈 기입장을 써서 자신의 용돈 사용을 관리한다.

06 개인이나 지역, 국가가 경제적인 이익을 얻기 위해 물건, 기술, 정보 등을 주고받는 것은 경제적 교류이다.

07 대중 매체를 이용한 경제적 교류는 인터넷, 스마트폰, 홈 쇼핑을 이용해 물건을 구매하는 방법이다.

실력 탄탄 다지기
실전 예상 문제

01 다음 중 경제 활동에 해당하지 <u>않는</u> 것은?

① 공장에서 냉장고를 만든다.

② 신발 가게에서 구두를 샀다.

③ 채소 가게 아줌마가 배추를 판다.

④ 친구와 도서관에 갔다.

02 사람들이 은행에 저축을 하는 목적은 무엇인가?

① 돈을 가지고 있는 것이 귀찮아서

② 국가의 지시에 의해서

③ 금융 기관을 발전시키기 위해서

④ 장래에 필요할 때 찾아 쓰기 위해서

03 합리적인 용돈 관리 태도가 <u>아닌</u> 것은?

① 불필요한 지출을 줄이고 저축을 많이 한다.

② 물건에 자기 이름을 쓰고 잃어버리지 않는다.

③ 불필요한 물건을 많이 구입한다.

④ 용돈 기입장을 매일 기록한다.

04 가정에서 소득을 얻는 방법으로 알맞지 <u>않은</u> 것은?

① 옷을 사기 위해 돈을 낸다.

② 회사에서 일을 하고 월급을 받는다.

③ 집을 빌려 주고 돈을 받는다.

④ 옷 가게를 운영하여 돈을 번다.

01

경제 활동은 생활에 필요한 여러 가지 것들을 만들어 내고, 이것들을 사고팔 거나 사용하는 것과 관련된 모든 일들을 말한다.

02

저축을 하면 좋은 점
• 돈이 필요할 때를 대비할 수 있다.
• 이자를 받아 재산을 불릴 수 있다.

03

합리적인 용돈 관리 태도
• 불필요한 지출을 줄여 저축을 많이 한다.
• 물건을 아껴 쓰고 사야 할 물건의 목록을 미리 적어 두고 구입한다.
• 용돈 기입장을 써서 자신의 용돈 사용을 관리한다.

04

①은 소비에 해당한다.

- - - - - **A N S W E R** - - - - - - - -
01. ④ **02.** ④ **03.** ③ **04.** ①

05 자연에서 직접 생산물을 얻는 활동으로 알맞은 것은?

① 서비스업　　　　② 어업

③ 제조업　　　　　④ 건설업

06 다음에서 설명하는 것은?
기출

> • 쓸 수 있는 돈이나 자원이 한정되어 있어서 원하는 것을 모두 가질 수 없는 상태를 말한다.
> • 경제 활동에서 선택의 문제가 일어나는 원인이 된다.

① 고령화　　　　② 서비스

③ 정보화　　　　④ 희소성

07 다음 내용에 해당하는 우리 지역의 다양한 경제적 교류 방법은?

> 스마트폰을 이용해 물건을 구매하는 방법

① 대형 시장을 이용한 경제적 교류

② 지역 대표 자원의 경제적 교류

③ 다양한 문화 활동과 함께하는 경제적 교류

④ 대중 매체를 이용한 경제적 교류

ANSWER
05. ② 06. ④ 07. ④

08 다음 중 합리적인 소비 모습은?

① 충동적으로 구입한다.

② 선택 기준을 세워 구입한다.

③ 원하는 것은 무조건 구입한다.

④ 친구가 구입하는 것을 구입한다.

09 경제적 교류가 지역에 미치는 영향으로 옳지 <u>않은</u> 것은?

① 다른 지역의 우수한 물건을 소개하고 지역 간의 화합을 가져오기 때문이다.

② 기술 협력으로 더 나은 상품을 개발할 수 있기 때문이다.

③ 지역의 특산물을 비싸게 팔 수 있어서 큰 이윤을 얻기 때문이다.

④ 지역의 특산물을 소개하거나 홍보해 경제적 이익을 얻을 수 있기 때문이다.

08

합리적인 소비 생활을 하기 위해서는 물건을 고르거나 살 때 미리 선택 기준을 세운다.

09

경제적 교류는 다른 지역의 경제와 관련된 소식 등 여러 가지 유용한 정보를 주고받고, 다른 지역의 우수한 물건을 소개하고 지역 간의 화합을 가져온다.

A N S W E R
08. ② **09.** ③

02 우리나라의 경제 발전

1 우리나라 경제 체제의 특징

(1) 가계와 기업이 하는 일

① 가계가 하는 일

　㉠ 기업의 생산 활동에 참여하고 기업에서 만든 물건을 구입한다.

　㉡ 생산 활동의 대가로 소득을 얻는다.

　㉢ 소득으로 필요한 물건을 구입한다.

 가계 : 가정 살림을 같이하는 생활 공동체를 의미한다.

② 기업이 하는 일

　㉠ 사람들에게 일자리를 제공한다.

　㉡ 사람들이 생활하는 데 필요한 물건을 만들어 판매하거나 서비스를 제공해 이윤을 얻는다.

　㉢ 세계 여러 나라에 우리나라의 기술 및 문화를 홍보한다.

③ 가계와 기업의 관계 : 가계와 기업은 시장에서 물건과 서비스를 거래하며, 가계와 기업이 하는 일은 서로에게 도움이 된다.

 기업 : 사회에 필요한 물건이나 서비스를 생산하여 이윤을 얻는 조직이다.

더 알아두기

시장에서 가계와 기업의 경제 활동　중요+

- 가계 : 시장에서 필요한 물건을 조금이라도 더 싸게 사려고 노력한다.
- 기업 : 더 많은 이윤을 얻으려고 소비자의 욕구를 반영해 다양한 물건을 만들어 시장에 제공한다.
- ※ 시장 : 물건뿐만 아니라 노동력, 주식, 부동산 등도 사고파는 곳이다.

(2) 가계와 기업의 합리적 선택

① 가계의 합리적 선택 : 가계가 소득의 범위 안에서 적은 비용으로 가장 큰 만족을 얻기 위해 합리적으로 선택한다.

② 기업의 합리적 선택 : 적은 비용으로 보다 많은 이윤을 얻기 위해 노력한다.

(3) 우리나라 경제의 특징

① 우리 경제 활동의 특징 : 개인과 기업들이 경제적 자유를 누리면서 자신의 이익을 위해 경쟁한다.

자유	• 경제적 자유의 의미 : 국가나 다른 사람으로부터 강요나 간섭을 받지 않고 자신의 의사에 따라 자유롭게 경제 활동을 하는 것이다.
	• 경제생활 속 자유의 모습 **중요⁺**
	  – 자유로운 직업 생활 : 자신의 능력과 적성에 따라 직업을 선택하고 직업 생활을 통해 소득을 얻는다.
	  – 소득의 자유로운 사용 : 소득을 어떤 곳에 소비하고 얼마만큼 저축할 것인지를 스스로 결정한다.
	  – 기업의 자유로운 경제 활동 : 기업은 무엇을 얼마만큼 생산할지 스스로 결정하고 생산 활동을 통해 얻은 수입을 어떻게 사용할지 자유롭게 결정한다.
	• 자유의 이점 : 자신이 선택한 직업에 종사하면 개인과 기업이 능력을 최대한 발휘할 수 있다.

경쟁	• 경쟁의 의미 : 이윤 등과 같이 자신이 원하는 바를 얻기 위해 서로 경쟁하는 것을 말한다.
	• 경제생활 속 경쟁의 모습
	  – 원하는 일자리를 얻기 위한 경쟁 **예** 취직을 위한 필기시험, 면접시험
	  – 원하는 물건을 사기 위한 경쟁 **예** 농수산물 경매
	  – 더 많은 물건을 판매하기 위한 경쟁 **예** 서로 가까운 곳에 위치한 같은 종류의 상점들 → 서로 경쟁을 해 장사가 더 잘됨
	  – 기업들의 경쟁 : 더 많은 이윤을 얻기 위한 경쟁, 우수한 인재를 뽑기 위한 경쟁

② 경제 활동의 자유와 경쟁이 우리에게 주는 도움

개인	• 자신이 하고 싶은 일을 하면서 재능과 능력을 더 발휘할 수 있다. • 소비자는 원하는 조건의 물건을 살 수 있고, 좋은 서비스를 받을 수 있다.
기업	자유롭게 경쟁하며 더 좋은 상품을 개발해 더 많은 이윤을 얻을 수 있다.
국가	개인과 기업의 자유로운 경쟁은 국가 전체의 경제 발전에 도움을 준다.

바로로 확인 ▶▶

주변에 상점이 늘어나면 좋은 점이 <u>아닌</u> 것은?

① 물건의 종류가 다양해진다.
② 손님에게 친절해진다.
③ 물건 값이 싸진다.
❹ 서비스의 질이 낮아진다.

더 알아두기

경쟁의 이점 중요⁺

	상점이나 기업들이 경쟁하는 모습	소비자가 얻는 이익
가격 경쟁	물건을 더 싸게 팔려고 노력한다.	물건을 싸게 살 수 있다.
서비스 경쟁	더 좋은 서비스를 제공하려고 노력한다. • 물건 무료 배달 • 구입한 물건이 고장 났을 때 일정 기간 무상 수리 • 친절하게 손님 맞기 • 구매 물건 일정 기간 관리	친절하고 좋은 서비스를 받을 수 있다.
광고 경쟁	상품의 특성과 장점을 살린 광고를 낸다.	광고를 통해 다양한 상품 정보를 손쉽게 얻는다.
품질과 디자인 경쟁	품질과 디자인이 우수한 상품을 개발하려고 노력한다.	디자인과 품질이 우수하고 다양한 기능을 갖춘 상품을 구입할 수 있다.

※ 국가가 얻는 이익 : 값싸고 품질과 디자인이 우수한 상품을 개발하는 것은 해외 시장에서 우리 상품의 경쟁력을 높여 국가 경제를 발전시킨다.

(4) 바람직한 경제 활동

① 기업은 자유롭게 경제 활동을 할 수 있지만 공정하지 않은 행동을 하면 소비자에게 피해를 준다.

② 기업의 불공정한 행동에 대한 정부와 시민단체의 노력

정부	• 기업끼리 가격을 마음대로 올릴 수 없도록 감시하고 법을 만들어 규제한다. → 가격 인상 담합 금지 • 허위·과장 광고를 하지 못하도록 감시한다. • 여러 회사에서 제품을 만들어 팔 수 있도록 지원한다.
시민단체	특정 기업만 물건을 만들어 가격을 마음대로 올리지 못하도록 감시한다.

용어 설명 독과점 : 하나의 기업이 시장을 점유하고 있는 상태인 독점과 두 개 이상의 기업이 시장을 장악하고 있는 과점을 아울러 이르는 말이다.

2 우리나라 경제의 성장 모습

(1) 6 · 25 전쟁 이후 경제 성장 모습

① 6 · 25 전쟁 직후

㉠ 집, 공장, 산업 시설이 대부분 파괴되었고, 국토 전체가 폐허로 변했다.

㉡ 파괴된 여러 시설을 복구하고, 경제적으로 자립하기 위해 공업을 발전시키는 데 힘을 모았다.

② 1950년대

㉠ 다른 나라의 도움을 받아 농업 중심의 산업 구조에서 공업 중심 산업구조로 변화시키려고 하였다.

㉡ 설탕, 밀가루 등 식료품 공업, 섬유 공업 등 소비재 산업이 주로 발전하였다.

③ 1960년대

정부의 노력	• 1962년에 경제 개발 5개년 계획을 세웠다. • 기업이 제품을 생산·수출할 수 있도록 정유 시설, 발전소, 고속 도로, 항만 등을 많이 건설하였다. • 제품을 수출하는 기업들의 세금을 내려주었다.
경제 성장 모습	섬유, 신발, 가발, 의류와 같은 경공업 제품을 만들어 수출하며 성장하였다. → 당시 우리나라는 선진국보다 자원, 기술은 부족하였으나 노동력이 풍부하여 경공업이 발달하게 되었다.

(2) 1970년대 이후 경제 성장 모습

정부의 노력	• 경제 발전을 위해서 경공업 제품 생산 이외에 더 다양한 제품을 생산할 목적으로 정부는 1970년대에는 중화학 공업 육성 정책을 발표하였다. → 중화학 공업은 경공업보다 돈과 높은 기술력이 필요한 산업 • 높은 기술력을 갖추려고 교육 시설과 연구소 등을 설립하였다. • 낮은 이자로 기업에 돈을 빌려주고, 각종 산업에 적극적으로 참여할 수 있도록 하였다.
경제 성장 모습	• 철강, 석유 화학, 기계, 조선, 전자 등의 산업을 발전시키려고 노력하였다. • 수출액과 국민 소득이 증가해 사람들의 생활수준이 크게 향상되었다.

용어설명 중화학 공업 : 철, 배, 자동차 등 무거운 제품이나 플라스틱, 고무 제품, 화학 섬유 제품을 생산하는 산업

경공업 : 섬유, 종이, 식료품 등 비교적 가벼운 물건을 만드는 산업

(3) 1990년대 이후 경제 성장 모습

① 1990년대

㉠ 컴퓨터 산업 : 개인용 컴퓨터의 보급이 확대되고 관련산업들이 생겨났다.

㉡ 반도체 산업 : 컴퓨터와 가전제품의 생산이 늘어나면서 핵심 부품인 반도체 산업 발달이 발달했다.

㉢ 정보통신산업 : 정보화 사회의 발전을 위해 전국에 걸쳐 초고속 정보 통신망을 만들었다.

② 2000년대 이후

    ㉠ 첨단 산업 : 고도의 기술 필요한 첨단 산업이 발달하였다. 예 생명 공학, 로봇 산업, 신소재 산업, 우주 항공 등

    ㉡ 서비스 산업 : 사람들에게 즐거움을 제공하고 삶을 편리하게 해 주는 서비스 산업이 빠르게 발달하였다. 예 문화 콘텐츠 산업, 관광 산업, 금융 산업, 의료 서비스 산업 등

(4) 경제 성장에 따른 사회 변화

① 누구나 쉽게 교통수단, 통신 수단을 이용할 수 있게 되었다.

흑백텔레비전 보급(1960년대) → 고속 국도 개통(1970년대) → 컴퓨터 보급(1980년대) → 승용차 증가(1990년대) → 고속 철도 개통(2000년대) → 인터넷 쇼핑 증가(2010년대)

② 우리나라에서 다양한 국제 행사가 열리게 되었다.

③ 해외 여행객이 증가하는 등 국민 개개인의 삶이 편리해지고 풍족해졌다.

④ 우리 문화와 관련된 상품이 해외에서 인기를 끄는 등 과거와 다른 변화들이 나타났다.

더 알아두기

우리나라 산업이 발달해 온 과정

시기	발달 산업
1950년대	농업, 임업, 어업
1960년대	섬유 산업, 시멘트 · 비료 · 정유 공장 건설
1970년대	석유 화학, 조선, 전자, 제철 산업
1980년대	정밀 기계, 자동차 산업
1990년대	컴퓨터, 반도체, 정보 통신 산업
2000년대	서비스업, 첨단 산업

(5) 경제 성장 과정에서 나타난 문제점과 해결 노력 중요⁺

문제점	해결 노력
환경오염 문제	• 개인 : 에너지 절약 운동, 환경 보호 운동 등을 한다. • 기업 : 친환경 제품을 개발하고 생산한다. • 정부 : 전기 자동차 보급을 위한 지원 정책을 실시하고, 친환경 제품을 개발·생산·판매하려고 노력한다.
빈부 격차 문제	• 시민 단체 : 무료 급식소 등 다양한 봉사 활동을 한다. • 국회 : 복지 정책을 위한 여러 법률을 제정한다. • 정부 : 양육비, 학비, 생계비 등을 지원한다.
노사 갈등 문제	기업과 정부 : 근로자에게 좋은 일자리를 제공하고, 안전한 근로 환경을 만들려고 끊임없이 대화하며, 근로자와 경영자 사이의 중재를 위해 노력한다.

3 세계 속의 우리나라 경제

(1) 나라와 나라 사이의 경제 교류

① 무역의 의미 중요⁺

국가 간에 서로의 경제적 이익을 위하여 재화나 서비스를 사고파는 것이다.

예 우리나라는 오스트레일리아에 자동차를 팔고, 오스트레일리아는 우리나라에 소고기를 판다.

② 무역인 것과 무역이 아닌 것

무역인 것	무역이 아닌 것
우리나라가 자동차, 선박, 반도체를 다른 나라에 팔고 부족한 원유, 철광석 등 천연자원을 사 오는 것	• 시장에서 물건을 사고파는 것 → 개인 간의 교환 • 경제적으로 어려운 나라에 쌀을 보내는 것 ┐ • 봉사 활동을 하는 것 ┘ → 경제적 이익을 위한 것이 아님

③ 무역과 관계있는 개념

　　㉠ 수입 : 다른 나라에서 물건을 사 오는 것

　　㉡ 수출 : 다른 나라에 물건을 파는 것

④ 무역이 이루어지는 까닭

　　㉠ 나라마다 자원의 종류와 양, 자연환경, 기술 등에 차이가 있어서 더 잘 생산할 수 있는 물건이나 서비스가 다르기 때문이다.

　　㉡ 무역을 더 활발하게 하기 위해 각 나라들은 경쟁력을 갖춘 산업을 집중적으로 육성하기도 한다. → 수출 경쟁력이 높아져 경제가 발전한다.

> **바로로 확인 ▶▶**
>
> 다음 중 ㉠, ㉡에 들어갈 말을 올바르게 짝지은 것은?
>
> • (㉠) : 무역을 할 때 우리나라 물건을 다른 나라에 파는 것이다.
> • (㉡) : 무역을 할 때 다른 나라 물건을 우리나라로 사 오는 것이다.
>
> | | ㉠ | ㉡ |
> |---|---|---|
> | ① | 생산 | 소비 |
> | ② | 소비 | 생산 |
> | ③ | 수입 | 수출 |
> | ❹ | 수출 | 수입 |

　　㉢ 각 나라가 더 잘 만들 수 있는 것을 생산하고, 이를 상호 교류하면 서로 경제적 이익을 얻을 수 있기 때문이다.

　　예 자동차 생산 기술은 부족하지만 천연자원이 풍부한 나라와 그 반대의 사정인 나라는 서로 자동차와 천연자원을 무역을 통해 교환함으로써 모두 이익을 얻을 수 있다.

나라마다 자연환경이 다르다.

나라마다 생산되는 자원의 종류와 양이 다르다.

나라마다 기술과 자본에 차이가 있다.

[무역의 필요성]

(2) 우리나라와 다른 나라의 경제 관계

① 나라별 무역액 비율

수출액이 높은 나라	중국, 미국, 베트남, 홍콩 등
수입액이 높은 나라	중국, 미국, 일본, 독일 등

② 주요 수출품과 수입품

주요 수출품	반도체, 인삼, 자동차, 선박 해양 구조물과 부품, 석유제품
주요 수입품	열대 과일, 원목, 원유, 반도체 제조용 장비, 고무나무의 고무

③ 다른 나라와의 경제 관계 : 서로 의존하며 경제적으로 교류하고, 서로 도움을 주고받는 동시에 세계 시장에서 경쟁한다.

(3) 다른 나라와의 경제 교류가 미친 영향

개인의 경제생활	• 전 세계의 값싸고 다양한 물건을 선택할 수 있는 기회가 늘어났다. • 외국 기업에서 일자리를 얻는 등 경제 활동의 범위가 넓어진다.
기업의 경제생활	• 경제 교류를 통해 새로운 기술과 아이디어를 주고받을 수 있다. • 다른 나라에 공장을 세우면 풍부한 노동력을 활용해 물건을 생산하고, 그 나라에서 직접 판매하여 제조 비용과 운반 비용을 줄일 수 있다.

(4) 무역을 하면서 생기는 문제점과 해결 방안

① 세계 여러 나라와 무역을 하면서 발생하는 문제

㉠ 무역의 규모가 크지만 무역 상대국이 다양하지 않아 무역 상대국의 영향을 많이 받는다.

㉡ 한국산 물건에 높은 관세를 부과해 경쟁에서 불리해진다.

㉢ 다른 나라의 수입 제한으로 수출이 감소한다.

㉣ 수입 거부 때문에 다른 나라와 갈등이 일어난다.

　　ⓜ 목재, 석유, 가스 등의 자원은 수입에 의존하고 있으므로 원유나 원자재의 가
　　　격 변동은 우리 경제에 영향을 미친다.

② 무역 관련 문제가 발생하는 원인

　　㉠ 자기 나라의 산업을 더 키우려고 하기 때문이다.

　　㉡ 세계 여러 나라는 무역을 하다가 불리한 점이 생기면 자기 나라 경제를 보호
　　　하려고 새로운 법이나 제도를 만들기 때문이다.

③ 자기 나라 경제를 보호하는 이유

　　㉠ 국가의 안정적 성장을 위해서

　　㉡ 경쟁력이 낮은 산업을 보호하기 위해서

　　㉢ 국민의 실업을 방지하기 위해서

　　㉣ 다른 나라의 불공정 거래에 대응하기 위해서

④ 다른 나라 무역 문제의 해결 방안

　　㉠ 무역 관련 문제가 발생했을 때 국제기구에 도움을 요청한다.

　　㉡ 무역 문제로 생기는 피해를 줄이는 대책을 마련한다.

　　㉢ 무역과 관련된 일을 하는 국제기구를 설립·가입하고 관련 국내 기관을 설립
　　　한다.

　　㉣ 세계 여러 나라가 무역 문제를 함께 협상하고 합의하려고 노력한다.

세계무역기구(WTO ; World Trade Organization) 중요⁺

1995년부터 세계경제질서를 규율해가고 있는 새로운 국제기구. 각국의 무역장벽을 낮추고 무역 협상의 기반을 제공함으로써 원활하고 자유로운 무역을 지원하는 것을 목적으로 하며, 2020년 현재 회원국은 164개 국이다. 스위스 제네바에 사무국이 있다.

02 우리나라의 경제 발전

01 가계는 기업의 생산 활동에 참여하고 기업에서 만든 물건을 구입한다.

02 기업은 사람들이 생활하는 데 필요한 물건을 만들어 판매하거나 서비스를 제공해 이윤을 얻는다.

03 시장은 물건뿐만 아니라 노동력, 주식, 부동산 등도 사고파는 곳이다.

04 독과점은 하나의 기업이 시장을 점유하고 있는 상태인 독점과 두 개 이상의 기업 이 시장을 장악하고 있는 과점을 아울러 이르는 말이다.

05 국가 간에 서로의 경제적 이익을 위하여 재화나 서비스를 사고파는 것은 무역 이다.

06 무역을 할 때 우리나라 물건을 다른 나라에 파는 것은 수출이다.

07 세계무역기구는 각국의 무역장벽을 낮추고 무역 협상의 기반을 제공함으로써 원활 하고 자유로운 무역을 지원하는 것을 목적으로 한다.

08 1970년대부터 반도체를 연구하기 시작했던 우리나라 기업들은 꾸준한 노력으로 1990년대에는 세계적으로 성능이 뛰어난 반도체를 생산할 수 있게 되었다.

01 경제 활동의 자유와 경쟁이 우리에게 주는 도움으로 알맞지 <u>않은</u> 것은?

① 기업의 자유로운 경제 활동으로 인해 개인은 물건을 비싸게 사게 된다.

② 개인과 기업의 자유로운 경쟁은 국가 전체의 경제 발전에 도움을 준다.

③ 소비자는 원하는 조건의 물건을 사고 서비스를 받을 수 있다.

④ 개인은 자신이 하고 싶은 일을 하면서 더 즐겁게 일할 수 있다.

02 기업 간의 경쟁으로 소비자에게 손해를 주는 경우는?

기출

① 디자인 경쟁　　② 서비스 경쟁

③ 가격 인상 담합　④ 품질 향상 경쟁

03 다음 빈칸에 공통으로 들어갈 알맞은 것은?

> 1970년대부터 (　　)를 연구하기 시작했던 우리나라 기업들은 꾸준한 노력으로 1990년대에는 세계적으로 성능이 뛰어난 (　　)를 생산할 수 있게 되었다.

① 텔레비전　　② 로봇

③ 반도체　　　④ 컴퓨터

01
기업의 자유로운 경제 활동으로 인해 개인은 물건을 더 싸게 사게 된다.

02
가격 인상 담합은 품질이나 서비스를 높이기보다는 가격만 인상하는 것으로 소비자에게 손해를 준다.

03
1970년대부터 반도체를 연구하기 시작했던 우리나라 기업들은 꾸준한 노력으로 1996년에 반도체 세계 판매량 2위를 달성하며 반도체 강국으로 우뚝 설 수 있었다.

-- A N S W E R --
　01. ①　02. ③　03. ③

04 특정 기업만 물건을 만들어 가격을 마음대로 올리는 현상을 막기 위한 정부나 시민단체의 노력으로 옳지 <u>않은</u> 것은?

① 기업끼리 의논하여 가격을 올릴 수 없도록 법을 만든다.

② 되도록 큰 기업에서 모든 제품을 만들 수 있도록 지원한다.

③ 기업이 가격을 마음대로 올리면 불매 운동을 한다.

④ 허위·과장 광고를 하지 못하도록 감시한다.

04
기업의 불공정한 행동에 대한 정부와 시민단체의 노력
• 정부
　– 기업끼리 가격을 마음대로 올릴 수 없도록 감시하고 법을 만들어 규제한다.
　– 허위·과장 광고를 하지 못하도록 감시한다.
　– 여러 회사에서 제품을 만들어 팔 수 있도록 지원한다.
• 시민단체 : 특정 기업만 물건을 만들어 가격을 마음대로 올리지 못하도록 감시한다.

05 나라와 나라가 서로의 필요에 의해 재화와 서비스를 **기출** 사고파는 것은?

① 산업　　　　　② 거래
③ 무역　　　　　④ 협정

05
무역의 의미 : 국가 간에 서로의 경제적 이익을 위하여 재화나 서비스를 사고파는 것이다.

06 1970년대 경제 발전을 위해 정부가 육성한 산업은?

① 로봇 산업　　　② 문화 콘텐츠 산업
③ 중화학 공업　　④ 경공업

06
① 로봇 산업, ② 문화 콘텐츠 산업
　: 2000년대 이후
④ 경공업 : 1960년대

07 다음 중 경제 성장 과정에서 나타난 문제점으로 옳지 <u>않은</u> 것은?

① 국민 소득 증가 문제　② 빈부 격차 문제
③ 일자리 문제　　　　　④ 환경오염 문제

07
경제 성장 과정에서 나타난 문제점
환경오염 문제, 빈부 격차 문제, 노사 갈등 문제

ANSWER
04. ②　**05.** ③　**06.** ③　**07.** ①

08 나라마다 잘 생산할 수 있는 물건이나 서비스가 <u>다른</u> 이유는?

① 나라마다 물건을 생산하는 비용이 같기 때문이다.
② 나라마다 자연환경이 비슷하기 때문이다.
③ 나라마다 기술이 똑같아졌기 때문이다.
④ 나라마다 자원의 종류와 양이 다르기 때문이다.

09 다음 중 무역으로 볼 수 있는 것은?

① 경제적으로 어려운 나라에 쌀을 보내는 것
② 우리나라가 자동차를 다른 나라에 팔고 부족한 원유 등 천연자원을 사 오는 것
③ 시장에서 물건을 사고파는 것
④ 봉사 활동을 하는 것

10 다음 중 우리나라 무역의 문제점은 무엇인가?

① 무역을 특정한 국가에 의존하고 있다.
② 주요 원자재의 수입 비중이 낮다.
③ 무역 의존도가 낮다.
④ 무역 상대국이 다양하다.

11 기출 ㉠에 들어갈 말로 적절한 것은?

> 1960년대에는 정부의 경제 개발 계획에 따라 섬유, 신발, 가발, 의류 등과 같은 ㉠ 제품을 만들고 수출하는 기업들이 성장했다.

① 경공업
② 반도체 산업
③ 중화학 공업
④ 의료 서비스 산업

---

08 나라마다 자원의 종류와 양, 자연환경, 기술 등에 차이가 있어서 더 잘 생산할 수 있는 물건이나 서비스가 다르기 때문이다.

09 ② 우리나라가 자동차, 선박, 반도체를 다른 나라에 팔고 부족한 원유, 철광석 등 천연자원을 사 오는 것은 무역이다.
①·③·④는 무역이 아니다.

10 우리나라는 무역의 규모가 크지만 무역 상대국이 다양하지 않기 때문에 무역 상대국의 영향을 많이 받는다.

11 1960년대 초반에는 저임금의 풍부한 노동력을 바탕으로 섬유 공업을 비롯한 식료품 공업, 인쇄·출판업 등 경공업이 발달하였고, 1960년대 후반에는 이러한 노동 집약적 경공업이 수출 산업으로 성장하였다.

ANSWER
08. ④ 09. ② 10. ① 11. ①

01 현명한 소비 생활을 위해 할 일로 알맞지 <u>않은</u> 것은?

① 과소비하지 않는다.

② 충동구매를 한다.

③ 소득 수준에 맞게 소비한다.

④ 돈의 씀씀이에 대한 계획을 미리 세운다.

02 가계부를 쓰면 좋은 이유가 <u>아닌</u> 것은?

① 계획적인 지출이 가능하다.

② 원하는 것을 모두 살 수 있다.

③ 수입과 지출을 정확하게 알 수 있다.

④ 근검절약하는 습관을 가질 수 있다.

03 인터넷 검색을 통해 물건의 정보를 얻을 때의 장점은?

① 직원에게 궁금한 점을 직접 물어볼 수 있다.

② 값싸고 품질 좋은 물건을 살 수 있다.

③ 물건을 직접 비교해 볼 수 있다.

④ 물건의 상태를 직접 확인할 수 있다.

04 현명한 선택을 하기 위해 고려해야 할 점으로 알맞지 <u>않은</u> 것은?

① 인기 있고 비싼 상품인지 생각해 본다.

② 물건이 환경에 미치는 영향을 생각해 본다.

③ 선택한 물건을 사용함으로써 얻게 될 즐거움을 따져 본다.

④ 나에게 꼭 필요한 것인지 따져 본다.

05 다음 빈칸에 공통으로 들어갈 알맞은 것은?

> 1990년대에는 국내 기업들이 (　　　)을/를 개발하고 생산하기 시작하면서 개인용 (　　　)보급이 확대되었고, 관련 산업들이 생겨나기 시작했다.

① 텔레비전　　　② 로봇
③ 자동차　　　　④ 컴퓨터

06 우리 주변의 상품이 어디에서 왔는지 조사하는 방법으로 적절하지 <u>않은</u> 것은?

① 원산지를 직접 가서 확인해본다.
② 대형 할인점의 광고지를 확인한다.
③ 상품에 부착된 QR 코드를 스캔한다.
④ 품질 인증 마크를 확인한다.

07 1950년대 발전하기 시작한 산업은?

① 중화학 공업　　　② 식료품 공업
③ 정보 통신 산업　　④ 경공업

08 다음 중 가계가 하는 일로 옳지 <u>않은</u> 것은?

① 생산에 참여한 대가로 소득을 얻는다.
② 기업의 생산 활동에 참여한다.
③ 필요한 물건을 구입한다.
④ 사람들에게 일자리를 제공한다.

05
1990년대
• 컴퓨터와 가전제품의 핵심 부품인 반도체 산업이 발달했다.
• 전국에 걸쳐 초고속 정보 통신망을 만들었다.

06
주변의 상품이 어디에서 왔는지 조사하는 방법
• 통계 자료를 분석한다.
• 품질 인증 마크를 확인한다.
• 상품 정보를 직접 확인한다.
• 대형 할인점의 광고지를 확인한다.
• 누리집에서 상품 소개 자료를 검색한다.
• 상품에 부착된 QR 코드를 스캔한다.

07
1950년대
• 다른 나라의 도움을 받아 농업 중심의 산업 구조에서 공업 중심 산업 구조로 변화시키려고 하였다.
• 설탕, 밀가루 등 식료품 공업, 섬유 공업 등 소비재 산업이 주로 발전하였다.

08
가계는 기업의 생산 활동에 참여하여 대가로 소득을 얻어 필요한 물건을 구입한다.

ANSWER
05. ④　**06.** ①　**07.** ②　**08.** ④

09 다음 대화에서 알 수 있는 우리나라 경제 활동의 특징은?

> 선희 : 자신의 능력과 적성에 따라 직업을 선택하고 직업 생활을 통해 소득을 얻을 수 있어.
> 영수 : 경제 활동으로 얻은 소득을 자신의 결정에 따라 자유롭게 사용할 수도 있지.

① 대화 ② 자유
③ 타협 ④ 경쟁

09

경제생활 속 자유의 모습
• 자유로운 직업 생활 : 자신의 능력과 적성에 따라 직업을 선택하고 직업 생활을 통해 소득을 얻는다.
• 소득의 자유로운 사용 : 소득을 어떤 곳에 소비하고 얼마만큼 저축할 것인지를 스스로 결정한다.
• 기업의 자유로운 경제 활동 : 기업은 무엇을 얼마만큼 생산할지 스스로 결정하고 생산 활동을 통해 얻은 수입을 어떻게 사용할지 자유롭게 결정한다.

10 나라 간의 무역 마찰을 해결하기 위한 국제기구는?

① 세계 무역 기구 ② 유니세프
③ 국제 연합 ④ 국제 통화 기금

10

세계 무역 기구(WTO)는 나라와 나라 사이에 맺는 무역 협정을 관리·감독하는 국제기구로 국가 간 자유 무역 확대를 위해 노력하고 있다.

11 나라와 나라 사이에 무역이 이루어지는 까닭으로 옳지 <u>않은</u> 것은?

① 나라마다 자연환경에 차이가 있기 때문이다.
② 나라마다 물건을 생산하는 방법이 같기 때문이다.
③ 나라마다 기술이 다르기 때문이다.
④ 나라마다 자본이 다르기 때문이다.

11

나라마다 자연환경과 자본, 기술 등의 차이가 있어 더 잘 생산할 수 있는 물건이나 서비스가 다르기 때문에 이로 인해 경제적 이익이 발생하여 무역이 이루어진다.

12 무역을 할 때 자기 나라의 경제를 보호하는 까닭으로 옳지 <u>않은</u> 것은?

① 경쟁력 높은 산업을 보호하기 위해
② 다른 나라의 불공정 거래에 대응하기 위해
③ 국가의 안정적 성장을 위해
④ 국민의 실업을 방지하기 위해

12

경쟁력이 낮은 산업을 보호하고 국민의 실업을 방지하며 국가의 안정적 성장을 위해 자기 나라의 경제를 보호한다.

ANSWER
09. ② **10.** ① **11.** ② **12.** ①

13 다음 중 1960년대 이전의 경제 성장 모습에 대한 설명으로 옳지 <u>않은</u> 것은?

① 식료품 공업, 섬유 공업 등 소비재 산업이 주로 발전하였다.

② 6·25 전쟁으로 집, 공장, 산업 시설이 대부분 파괴되었고, 국토 전체가 폐허로 변했다.

③ 다른 나라의 도움을 받아 농업 중심의 산업 구조에서 공업 중심 산업구조로 변화시키려고 하였다.

④ 철강, 석유 화학, 기계, 조선, 전자 등의 산업을 발전시키려고 노력하였다.

14 1970년대 이후 경제 성장을 위해 정부가 노력한 일로 옳지 <u>않은</u> 것은?

① 제품을 수출하는 기업들의 세금을 내려주었다.

② 중화학 공업 육성 정책을 발표하였다.

③ 낮은 이자로 기업에 돈을 빌려주고, 각종 산업에 적극적으로 참여할 수 있도록 하였다.

④ 높은 기술력을 갖추려고 교육 시설과 연구소 등을 설립하였다.

15 다음 중 경제 성장을 위해 정부가 한 노력으로 알맞은 것은?

① 해외 이민을 적극 추진하였다.

② 기업의 연구와 개발을 지원하였다.

③ 저축하는 생활을 하였다.

④ 새로운 기술을 개발하였다.

13
철강, 석유 화학, 기계, 조선, 전자 등의 산업을 발전시키려고 노력한 것은 1970년대 이후 경제 성장 모습이다.

14
①은 1960년대 경제 성장을 위해 정부가 한 노력이다.

15
개인과 기업의 연구·개발을 지원하고 고속 국도나 댐과 같은 시설을 건설하였다.

A N S W E R
13. ④ **14.** ① **15.** ②

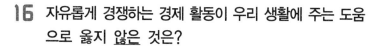

16 자유롭게 경쟁하는 경제 활동이 우리 생활에 주는 도움으로 옳지 <u>않은</u> 것은?

① 기업은 최대의 이윤을 얻지만 가계는 최소의 만족감을 얻는다.

② 개인은 더 좋은 일자리를 얻기 위해 경쟁하기도 한다.

③ 기업은 더 많은 이윤을 얻기 위해 다른 기업과 서로 자유롭게 경쟁한다.

④ 국가 전체의 경제 발전에 도움을 준다.

16
개인과 기업이 경제 활동의 자유를 누리면서 이익을 얻으려고 경쟁하는 과정에서 국가 전체의 경제 발전에 도움을 준다.

17 다음 빈칸에 들어갈 말은?

> 1990년대에는 정보화 사회의 발전을 위해 정부와 기업이 전국에 걸쳐 (   )을/를 만들었다.

① 고속 국도   ② 컴퓨터
③ 초고속 정보 통신망   ④ 고속 철도

17
1990년대에는 정보화 사회의 발전을 위해 정부와 기업이 전국에 걸쳐 초고속 정보 통신망을 만들었다.

18 다음 중 무역이라고 볼 수 있는 것은?

① 지진이 난 아이티에서 봉사활동을 하는 것
② 식량난을 겪는 아프리카에 쌀을 보내는 것
③ 시장에서 물건을 사고파는 것
④ 오스트레일리아에서 소고기를 들여오는 것

18
시장에서 물건을 사고파는 것은 개인 간의 교환이며, 경제적으로 어려운 나라에 쌀을 보내는 것과 봉사활동을 하는 것은 경제적 이익을 위한 것이 아니기 때문에 무역이라고 할 수 없다.

ＡＮＳＷＥＲ

16. ① **17.** ③ **18.** ④

NOTE

Chapter 04

사회 · 문화

Chapter 04 사회 · 문화

가족의 구성과 역할을 비교하고 이해하며, 바람직한 가족의 역할과 의미를 파악해야 한다. 사회 변화로 나타난 일상생활의 모습에서 저출산·고령화 현상, 정보화 사회의 특징, 세계화가 우리 생활에 미친 영향에 대해서도 숙지하고 정리하도록 한다. 아울러 한반도의 미래와 통일, 지구촌의 갈등과 문제의 해결을 위한 노력에 관한 내용도 반드시 학습해야 한다.

01 가족의 형태와 역할 변화

1 가족의 구성과 역할 변화

(1) 옛날과 오늘날의 결혼 풍습

① 옛날과 오늘날 결혼식 모습 비교

구분	옛날	오늘날
장소	신부의 집	결혼식장(실내, 공원이나 정원 등)
입는 옷	신랑, 신부 : 한복	• 신랑 : 턱시도 • 신부 : 웨딩드레스
주고받는 것	나무 기러기	결혼반지
혼인 서약	신랑과 신부는 마주 보고 큰절을 올리고, 잔에 술을 부어 함께 나누어 마시며 혼인이 이루어졌음을 알린다.	주례선생님이 혼인서약서를 선창하거나 주례 없는 예식에는 신랑, 신부가 함께 혼인서약서를 낭독하기도 한다.
결혼식 후 하는 일	혼례를 치르고 신부의 집에서 며칠을 지낸 후 신랑은 말을, 신부는 가마를 타고 신랑의 집으로 간다.	결혼식 후 신혼여행을 떠난다.
그 밖의 것	신랑의 집에서 신랑의 부모님께 폐백을 드린다.	결혼식장에 있는 폐백실에서 신랑과 신부의 부모님께 폐백을 드린다.

② 옛날과 오늘날 결혼식에서 변하지 않은 점

㉠ 남자와 여자가 부부가 되어 새로운 가정을 이루는 중요한 의식으로, 많은 사람에게 두 사람의 결혼을 알린다.

㉡ 가족과 친척이 모여 신랑과 신부의 행복한 미래를 축복해 준다.

(2) 옛날과 오늘날의 가족 형태

옛날	• 부모와 미혼 자녀, 결혼한 자녀, 자녀의 배우자와 그 자녀를 포함하는 확대 가족이 대부분이었다. • 주로 농사를 지어 일손이 많이 필요했던 옛날에 많았다.
오늘날	• 아버지, 어머니, 결혼하지 않은 자녀들로 이루어진 핵가족이 많다. • 결혼한 후에 부모와 따로 떨어져 사는 경우가 많은 오늘날에 많다.

(3) 가족 구성원의 역할 변화

① 옛날 가족 구성원의 모습과 역할

남자	• 할아버지 : 손자에게 글공부를 가르쳐 준다. • 아버지 : 농사일 등의 바깥일을 한다. • 남자아이 : 할아버지와 글공부를 한다.
여자	• 할머니 : 손주를 돌보아 주고, 집안일을 한다. • 어머니 : 아이를 돌보아 주고, 우물가에서 물을 긷기도 한다. • 여자아이 : 어머니를 도와 집안일을 하거나 바느질을 한다.

 알아두기

오늘날 핵가족이 더 많은 이유

• 취직이나 자녀들의 교육을 위해 도시로 이동하면서 가족 규모가 작아졌다.

• 개인 생활을 위해 서로 간섭을 받지 않고 사는 것을 원하기 때문이다.

② 오늘날 가족 구성원의 모습과 역할

　　㉠ 맞벌이가정 증가 : 부부가 모두 직업을 가지고 일하는 경우가 많아졌다.

　　㉡ 공동 양육 : 부모가 함께 자녀를 돌본다.

　　㉢ 집안일 분담 : 가족이 함께 역할을 나눠 집안일을 한다.

　　㉣ 의사 결정 : 옛날에는 가정을 이끌어 나가는 할아버지나 아버지의 뜻에 따라
　　결정했지만, 오늘날은 가족회의를 통해 가족이 모두 함께 결정한다.

③ 가족 구성원의 역할이 변한 이유

　　옛날과 달리 오늘날에는 남녀 모두 교육 기회를 제공하고, 사회 활동의 기회가 동
　　등해지면서 집안일에서의 남녀의 구분이 없어지고 역할 분담이 필요하게 되었다.

(4) 가족 구성원의 바람직한 역할

① 가족 간에 갈등이 일어나는 이유 : 가족 구성원 간에 서로 생각이 달라 어려움을
　　겪을 수 있다.

② 가족 구성원 간의 갈등 해결방법

　　㉠ 자신의 편안함만을 추구하기보다 가
　　족 모두가 서로 존중하고 배려한다.

　　㉡ 가족 구성원으로서 자신의 역할을 바
　　로 알고 실천하도록 노력한다.

　　㉢ 갈등을 피하려고만 하지 말고 대화
　　를 나누면서 서로의 생각을 이해하
　　고 협력한다.

　　㉣ 서로 도우며 대화와 양보를 통해 해결한다.

> **바로로 확인 ▶▶**
>
> **오늘날 가정의 어려운 일은 어떻게 해결
> 하는 것이 바람직한가?**
> ❶ 가족이 모여 서로 의논하여 해결한다.
> ② 시골에 계신 할아버지의 뜻대로 결정한다.
> ③ 반상회에 가서 호소하고 도움을 요청한다.
> ④ 자녀들에게는 알리지 않고 부모가 해결
> 한다.

③ 가족 구성원이 바람직한 역할을 실천하는 방법

　　㉠ 우리 가족이 가지고 있는 문제가 무엇인지 정확히 아는 것이 중요하다.

　　㉡ 가족회의를 열어서 우리 가족이 가지고 있는 문제를 알고 행복한 가정을 만들
　　기 위해 실천할 수 있는 구체적인 해결 방법을 찾아본다.

2 다양한 가족이 살아가는 모습

(1) 바람직한 가족의 역할과 의미

① 가족의 역할

㉠ 힘든 일이 있거나 실수했을 때에도 이해해 주고 용기와 자신감을 가질 수 있도록 격려해 준다.

㉡ 사회생활에 필요한 여러 가지 규칙과 예절을 배운다.

㉢ 가족 구성원들에게 중요한 보금자리이다.

② 바람직한 가족의 모습 중요⁺

㉠ 서로 도와 가며 생활하는 가족

㉡ 대화가 많은 가족

㉢ 서로를 이해하고 아끼는 가족

㉣ 어려운 일이 생겼을 때 함께 의논하여 해결하는 가족

(2) 오늘날의 다양한 가족 형태

구성원의 세대 수에 따라	핵가족	결혼하지 않은 자녀와 부모가 함께 사는 가족
	확대 가족	결혼한 자녀와 부모가 함께 사는 가족
구성원의 특성에 따라	재혼 가족	두 가족이 새롭게 한 가족이 된 가족
	입양 가족	혈연관계는 아니지만 법률상으로 부모와 자녀 관계가 된 가족
	조손 가족	조부모와 손주로 이루어진 가족
	한 부모 가족	아버지와 자녀, 어머니와 자녀로 구성된 가족
	다문화 가족	우리나라에 살고 있는 외국인과 결혼한 한국 가족, 또는 외국인 가족 등
	북한 이탈 주민 가족	북한을 탈출해 현재 남한에 거주하는 가족

(3) 다양한 가족의 생활 모습

① 가족의 생활 모습이 다른 이유

ⓖ 각 가정마다 가족의 수와 같이 사는 사람들이 다르기 때문이다.

ⓛ 가족이어도 서로 좋아하는 것이 다르기 때문이다.

ⓒ 각자 하는 일이 달라서 생활하는 모습이 다르기 때문이다.

② 다른 생활 모습의 가족을 대하는 바른 태도

ⓖ 나와 다르다고 해서 이상하게 생각하거나 무시하지 않는다.

ⓛ 모든 가족의 생활 모습에는 장점과 단점이 있기 때문에 지나치게 부러워할 필
요는 없다.

가족이 소중한 이유

• 의식주를 해결해 준다.

• 몸과 마음이 편히 쉴 수 있는 휴식 공간을 제공해 준다.

• 어렵고 힘든 일은 함께 해결하여 서로에게 힘이 되어 준다.

※ 가족의 기능 : 자녀 출산, 양육, 교육, 휴식, 오락, 생산과 소비

01 가족의 형태와 역할 변화

01 옛날과 오늘날의 가족 형태
- 옛날 : 부모와 미혼 자녀, 결혼한 자녀, 자녀의 배우자와 그 자녀를 포함하는 확대 가족이 대부분이었다.
- 오늘날 : 아버지, 어머니, 결혼하지 않은 자녀들로 이루어진 핵가족이 많다.

02 옛날 가족 구성원의 모습과 역할
- 할아버지 : 손자에게 글공부를 가르쳐 준다.
- 아버지 : 농사일 등의 바깥일을 한다.
- 남자아이 : 할아버지와 글공부를 한다.
- 할머니 : 손주를 돌보아 주고, 집안일을 한다.
- 어머니 : 아이를 돌보아 주고, 우물가에서 물을 긷기도 한다.
- 여자아이 : 어머니를 도와 집안일을 하거나 바느질을 한다.

03 가족 구성원의 역할이 변한 이유
옛날과 달리 오늘날에는 남녀 모두 교육 기회를 제공하고, 사회 활동의 기회가 동등해지면서 집안일에서의 남녀의 구분이 없어지고 역할 분담이 필요하게 되었다.

04 입양 가족은 혈연관계는 아니지만 법률상으로 부모와 자녀 관계가 된 가족이다.

05 우리나라에 살고 있는 외국인과 결혼한 한국 가족, 또는 외국인 가족 등은 다문화 가족이다.

06 가족의 기능 : 자녀 출산, 양육, 교육, 휴식, 오락, 생산과 소비

01 옛날의 결혼식 모습에 대한 설명으로 옳지 <u>않은</u> 것은?

① 신랑과 신부는 나무 기러기를 주고받았다.

② 신랑의 집에서 신랑의 부모님께 폐백을 드린다.

③ 주로 결혼식장에서 결혼식이 이뤄졌다.

④ 신랑과 신부 모두 한복을 입었다.

02 구성원의 특성에 따라 나눈 가족의 형태가 <u>아닌</u> 것은?

① 다문화 가족   ② 조손 가족

③ 핵가족   ④ 입양 가족

03 옛날 가족 구성원의 모습과 역할로 잘못 짝지어진 것은?

① 할머니 – 손자에게 글공부를 가르쳐 준다.

② 여자아이 – 어머니를 도와 집안일을 하거나 바느질을 한다.

③ 어머니 – 아이를 돌보아 주고, 우물가에서 물을 긷기도 한다.

④ 아버지 – 농사일 등의 바깥일을 한다.

04 오늘날 가족 구성원의 모습과 역할로 옳지 <u>않은</u> 것은?

① 부부가 모두 직업을 가지고 일하는 경우가 많아졌다.

② 가족이 함께 역할을 나눠 집안일을 한다.

③ 부모가 함께 자녀를 돌본다.

④ 가정을 이끌어 나가는 할아버지나 아버지의 뜻에 따라 결정한다.

01
옛날에는 신부의 집에서 결혼식이 치러졌고, 오늘날은 주로 결혼식장(실내, 공원이나 정원 등)에서 결혼식이 이뤄졌다.

02
가족 구성원의 세대 수에 따른 가족의 형태 : 확대 가족, 핵가족

03
할아버지는 손자에게 글공부를 가르쳐 주고, 할머니는 손주를 돌보아 주고, 집안일을 한다.

04
옛날에는 가정을 이끌어 나가는 할아버지나 아버지의 뜻에 따라 결정했지만, 오늘날은 가족회의를 통해 가족이 모두 함께 결정한다.

ANSWER

01. ③   02. ③   03. ①   04. ④

05 나와 다른 생활 모습으로 살아가는 가족들을 대하는 태도로 옳지 <u>않은</u> 것은?

① 나와 생각이 같지 않다고 해서 이상하게 생각하지 않는다.

② 나와 생활 모습이 다르다고 무시하지 않는다.

③ 내 가족은 소중하기 때문에 다른 가족의 아픔은 외면해도 괜찮다.

④ 모든 가족의 생활 모습에는 장점과 단점이 있기 때문에 지나치게 부러워할 필요는 없다.

05
내가 우리 가족을 소중하게 여기듯이 모습이 다른 가족들도 소중히 생각하고 이해해야 한다.

06 우리나라에 살고 있는 외국인과 결혼한 한국인 가족의 형태로 알맞은 것은?

① 다문화 가족　② 확대 가족
③ 한 부모 가족　④ 입양 가족

06
② 확대 가족 : 부모와 미혼 자녀, 결혼한 자녀, 자녀의 배우자와 그 자녀를 포함하는 가족
③ 한 부모 가족 : 아버지와 자녀, 어머니와 자녀로 구성된 가족
④ 입양 가족 : 혈연관계는 아니지만 법률상으로 부모와 자녀 관계가 된 가족

07 가족 구성원 간의 갈등 해결방법에 해당하지 <u>않는</u> 것은?

① 서로 도우며 대화와 양보를 통해 해결한다.

② 가족 구성원으로서 자신의 역할을 바로 알고 실천하도록 노력한다.

③ 자신의 편안함만을 추구하기보다 가족 모두가 서로 존중하고 배려한다.

④ 가족 간에 갈등이 생겼을 때 솔직하게 얘기하면 서운해질 수 있으므로, 혼자 이해하려고 노력한다.

07
갈등을 피하려고만 하지 말고 대화를 나누면서 서로의 생각을 이해하고 협력한다.

ANSWER
05. ③　06. ①　07. ④

08 오늘날 핵가족이 더 많아진 이유로 알맞지 <u>않은</u> 것은?

① 개인 생활을 위해 서로 간섭을 받지 않고 사는 것을 원하기 때문에

② 경제적으로 어려워 부모님과 함께 살기 때문에

③ 자녀들의 교육을 위해 도시로 이동했기 때문에

④ 취업을 위해 다른 지역으로 이사를 갔기 때문에

09 다음 중 바람직한 가족의 모습으로 옳지 <u>않은</u> 것은?

① 어려운 일이 생겼을 때 함께 의논하여 해결하는 가족

② 대화가 많은 가족

③ 서로의 생활이 바빠 돕지 않는 가족

④ 서로를 이해하고 아끼는 가족

02 사회 변화와 문화의 다양성

1 사회 변화로 나타난 일상생활의 모습

(1) 저출산, 고령화가 우리 생활에 미친 영향

① 저출산 · 고령화 현상

㉠ 저출산 : 태어나는 아이의 수가 줄어드는 현상

㉡ 고령화 : 전체 인구에서 노인이 차지하는 비율이 높아지는 현상

② 저출산 · 고령화로 변화하는 일상생활의 모습

㉠ 저출산

ⓐ 가족의 구성원 수가 줄어들고 있으며, 가족의 형태가 변하고 있다.

ⓑ 일할 수 있는 사람이 부족하여 나라의 경제에도 영향을 미치고 있다.

ⓒ 출산을 도와주는 병원이 점차 사라지고, 학생 수가 줄어드는 학교가 늘어나고 있다.

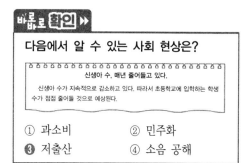

바로로 확인 ▶▶

다음에서 알 수 있는 사회 현상은?

신생아 수, 매년 줄어들고 있다.

신생아 수가 지속적으로 감소하고 있다. 따라서 초등학교에 입학하는 학생 수가 점점 줄어들 것으로 예상된다.

① 과소비   ② 민주화

❸ 저출산   ④ 소음 공해

㉡ 고령화

ⓐ 의학 기술의 발달로 평균 수명이 늘면서 고령화 사회가 되고 있다.

ⓑ 노동력이 부족하고 노인을 부양하기 위한 청장년층의 사회적 부담이 커지고 있다.

ⓒ 노인들의 질병, 일자리 부족, 빈곤 등의 문제가 있다.

더 알아두기

고령화 사회의 분류

• **고령화 사회** : 65세 이상의 노년층 인구가 전체 인구의 7% 이상일 때

• **고령 사회** : 14% 이상일 때

• **초고령 사회** : 20% 이상일 때

③ 저출산·고령화 문제를 위한 대책 중요+

저출산	고령화
• 보육 시설을 늘린다. • 걱정 없이 아이를 낳아 키울 수 있는 다양한 지원이 필요하다. • 출산비 지급, 육아 휴직 확대, 자녀 교육비 지원 등을 통해 출산과 양육에 어려움이 없는 환경을 만든다.	• 정년을 연장한다. • 노인들의 일자리를 만들어 경제적으로 안정된 생활을 보장한다. • 노인 복지 대책 준비 : 의료·요양, 여가 등과 관련된 노인 복지 시설 설립

(2) 정보화로 달라진 생활 모습

① 정보화 사회 : 인간의 모든 활동에 정보가 매우 중요한 역할을 하는 사회

② 정보화 사회의 특징

　㉠ 정보를 충분히 활용하여 인간 생활의 문제를 해결할 수 있다.

　㉡ 사람들과 소통하며 가치 있는 정보를 활용하여 새로운 정보를 만드는 사회

　㉢ 누리사랑방(블로그) : 내가 관심을 갖고 있는 정보를 수집하여 정리하거나 새로운 정보를 만드는 공간 → '1인 미디어'라 불림

　㉣ 정보 프로슈머(참여형 소비자) : 정보 사회에서 정보를 소비하면서도 생산하는 사람

③ 정보화의 긍정적인 면과 부정적인 면

긍정적인 면	• 유익한 정보를 적은 비용과 노력으로 어디서나 쉽고 빠르게 얻을 수 있다. • 인간의 생활을 윤택하고 편리하게 한다.
부정적인 면	• 신뢰할 수 없는 정보를 접하게 된다. • 인터넷 게임 중독, 크래킹, 개인 정보 유출 등으로 인해 많은 피해를 입는다.

바로로 확인 ▶▶

고령화 사회에 대한 대책으로 알맞은 것은?
① 정년을 앞당긴다.
② 연금제도를 폐지한다.
③ 노인들의 일자리를 줄인다.
❹ 노인을 위한 복지 시설을 늘린다.

용어설명▶ 크래킹
　• 남의 컴퓨터 시스템에 침입하여 장난을 하거나 범죄를 저지르는 일
　• 예방법 : 비밀번호 교체, 바이러스 검사 자주 하기

④ 정보화로 달라지고 있는 일상생활의 모습

ㄱ 가게에 직접 가지 않아도 쉽게 물건을 살 수 있다.

ㄴ 세계 곳곳에서 일어나는 일들을 빠르게 알 수 있다.

ㄷ 직접 은행에 가지 않고 휴대전화를 이용해 은행 업무를 볼 수 있다.

ㄹ 외부에서 휴대전화를 이용해 가전제품을 작동할 수 있다.

> **바로바로 확인 ▶▶**
>
> 다음에서 설명하는 것은?
>
> - 휴대 전화를 사용하여 집 밖에서 가전제품을 작동할 수 있다.
> - 스마트 기기를 이용하여 가게에 직접 가지 않아도 쉽게 물건을 살 수 있다.
>
> ① 고령화   ② 다문화
> ③ 세계화   ❹ 정보화

⑤ 정보화 사회의 문제점과 해결 방안 **중요⁺**

ㄱ 인터넷·스마트폰 의존 현상 심화 : 인터넷 게임 중독을 예방하기 위해서 시간을 정해 놓고 컴퓨터를 이용한다.

ㄴ 개인 정보 유출 증가 : 개인 정보가 유출되지 않도록 각별히 주의한다.

용어설명▶ 개인 정보 : 이름, 주민 등록 번호, 주소, 전화번호, 생년월일, 직업, 학교 성적, 신용 카드 번호, 전자 우편 주소, 전화 통화 내용 등이 포함된다.

ㄷ 비속어와 공격적 언어 사용 : 표준어 어법이나 맞춤법에 맞지 않는 채팅 언어의 사용을 자제하고 바른 인터넷 사용 습관을 가진다.

ㄹ 저작권 침해 발생 : 다른 사람이 만든 프로그램을 허락 없이 복제하거나 사용하지 않는다.

ㅁ 악성 댓글과 거짓 소문의 확산 : 휴대전화나 인터넷으로 대화할 때 상대방을 배려하고 예의를 지킨다.

> **바로바로 확인 ▶▶**
>
> 멀리 떨어져 있는 가족의 얼굴을 보며 말할 수 있는 첨단 기술 제품은?
>
> ① 로봇   ② 인공위성
> ❸ 화상 전화   ④ 내비게이션

 **알아두기**

미래의 우리 삶에 영향을 줄 수 있는 다양한 첨단 기술

전자 투표, 화상 통화, 삼차원(3D) 입체 영화, 반도체 산업, 인터넷 디지털 냉장고, 항공 우주 산업

(3) 세계화가 우리 생활에 미친 영향

① 세계화의 의미

국제 사회에서 상호 의존성이 증가함에 따라 세계가 하나의 체계로 나아가고 있는 현상이다. → 국가 간 경계가 약화되고 세계 사회가 경제와 문화를 중심으로 통합해 가는 현상

> **바롭로 확인 ≫**
>
> 다음 설명과 관련된 사회 현상은?
>
> • 세계 여러 나라의 물건을 쉽게 살 수 있다.
> • 우리나라에 온 다른 나라 가수 공연을 볼 수 있다.
>
> ① 고령화   ❷ 세계화
> ③ 저출산   ④ 편견과 차별

② 세계화의 특징

세계화가 되면서 전 세계가 긴밀하게 연결되어 한 나라에서 생기는 문제가 세계 전체의 문제가 될 수 있다.

③ 세계화의 긍정적인 측면

㉠ 경제 : 서로의 이익을 위해 자유로운 경제 활동을 보장하는 협상을 한다.

용어 설명 ▶ 자유 무역 협정(FTA : Free Trade Agreement) : 특정 국가 간에 무역 특혜를 서로 부여하는 협정

㉡ 정치 : 전쟁, 테러, 기아, 질병 등의 문제를 해결하기 위해 국경을 초월하는 정책을 제시하고 국제적 활동을 전개하고 있다.

㉢ 환경 : 지구적인 환경 문제를 해결하기 위해 공동 노력을 기울이고 있다.

용어 설명 ▶ 기후 변화 협약 : 지구 온난화를 막기 위한 '기후 변화에 대한 유엔 기본 협약'을 가리키는 것으로, 1992년 리우 회의에서 채택되어 1994년에 발효되었다.

㉣ 문화

ⓐ 다양한 문화가 교류하면서 우리나라의 문화가 세계 여러 나라에 영향을 미치고 다른 나라의 문화 역시 우리나라에 영향을 미치고 있다.

ⓑ 서로 다른 문화들이 만나 새로운 형태의 문화가 만들어지기도 한다.

④ 세계화의 부정적인 측면

㉠ 경제 : 한 나라의 금융 위기는 세계 다른 여러 나라의 경제에 악영향을 미치게 된다.

ⓛ 사회 : 다문화 사회가 되어 감에 따라 서로의 차이를 이해하고 존중하는 태도가 필요하지만 상호 간의 대립과 갈등으로 세계 곳곳에서 사회적 문제가 발생하고 있다.

용어 설명 다문화 사회 : 한 사회 안에서 다른 인종, 민족, 종교, 계급, 성 등에 따른 다양한 문화가 공존하는 사회

ⓒ 문화 : 무분별한 외국 문화의 수입으로 자국의 전통문화에 대한 관심이 부족해지거나 외면하는 경우도 종종 벌어지고 있다.

ⓔ 정치 : 지구촌 문제(핵, 전쟁, 테러, 질병, 기아, 환경 문제 등)를 정치적으로 해결하고자 할 때 강대국의 입장이 강하게 작용하는 경우가 많다.

02 사회 변화와 문화의 다양성

01 저출산은 태어나는 아이의 수가 줄어드는 현상이다.

02 고령화 사회의 분류
- 고령화 사회 : 65세 이상의 노년층 인구가 전체 인구의 7% 이상일 때
- 고령 사회 : 14% 이상일 때
- 초고령 사회 : 20% 이상일 때

03 저출산을 위한 대책 : 출산비 지급, 육아 휴직 확대, 보육 시설 늘리기, 자녀 교육비 지원 등을 통해 출산과 양육에 어려움이 없는 환경을 만든다.

04 고령화를 위한 대책 : 정년 연장, 노인들의 일자리를 만들기, 의료·요양, 여가 등과 관련된 노인 복지 시설을 설립한다.

05 정보화 사회는 스마트 기기를 이용하여 가게에 직접 가지 않아도 쉽게 물건을 살 수 있다.

06 정보 프로슈머는 정보 사회에서 정보를 소비하면서도 생산하는 사람이다.

07 크래킹은 남의 컴퓨터 시스템에 침입하여 장난을 하거나 범죄를 저지르는 일이다.

08 남이 만든 프로그램을 허락 없이 복제하거나 사용하는 것은 저작권 침해이다.

09 세계화는 국제 사회에서 상호 의존성이 증가함에 따라 세계가 하나의 체계로 나아가고 있는 현상이다.

01
기출

다음 대화에서 알 수 있는 사회 현상은?

> 최근 들어 태어나는 아이의 수가 줄어들고 있어요

> 맞아요. 그래서 자녀를 여러 명 둔 가정에 다양한 혜택을 주고 있어요.

① 세계화　　　　② 저출산
③ 정보화　　　　④ 빈부 격차

02 우리나라에서 나타나고 있는 인구 문제로 알맞지 않은 것은?

① 인구가 고령화되고 있다.
② 유소년층 인구가 줄었다.
③ 도시로 인구가 집중된다.
④ 출생률이 높다.

03
기출

다음 중 바람직한 인터넷 사용 방법은?

① 다른 사람의 개인 정보를 사용한다.
② 채팅할 때 상대방을 배려하지 않는다.
③ 프로그램을 불법으로 복사해서 사용한다.
④ 올바른 네티켓을 지켜서 인터넷을 사용한다.

01
저출산 문제의 대책
• 보육 시설을 늘린다.
• 출산비 지급, 육아 휴직 확대, 자녀 교육비 지원 등을 통해 출산과 양육에 어려움이 없는 환경을 만든다.

02
④ 출생률이 낮다.

03
네티켓 : 인터넷을 이용하는 사람들이 지켜야 할 예절이나 규칙이다.

A N S W E R
01. ② **02.** ④ **03.** ④

04 다음 중 정보의 활용과 <u>관계없는</u> 내용은?

① 역사책을 읽고 조선의 역대 왕들에 대한 학교 과제를 해결하였다.

② 장난감 회사가 어린이들의 취향을 조사하여 어린이들이 좋아하는 장난감을 만들었다.

③ 인터넷을 통해 많은 사람들과 이야기를 나누었다.

④ 비가 온다는 일기 예보를 보고 우산을 가지고 나왔다.

05 정보 통신의 발달로 최근 가장 많이 이용되고 있으며 최신의 많은 정보를 신속하게 제공받을 수 있는 것은?

① 신문   ② 텔레비전

③ 책   ④ 인터넷

06 기출 다음에서 설명하는 법은?

> 음악, 영화, 출판물 등 창작물을 만든 사람의 권리를 보장하는 법이다.

① 저작권법   ② 도로 교통법

③ 식품 위생법   ④ 장애인 차별 금지법

07 다음 중 지구촌 문제라고 할 수 <u>없는</u> 것은?

① 기아   ② 국민 소득 감소

③ 전쟁   ④ 빈곤

04
정보란 특정한 목적을 위해 여러 가지 자료를 처리하여 만든 지식을 말한다.

05
인터넷은 컴퓨터를 이용하는 많은 사람들이 정보를 함께 나누기 위하여 전 세계적으로 연결해 놓은 컴퓨터 통신망이다.

06
저작권법 : 소설이나 각본, 논문, 음악, 미술, 영상, 컴퓨터프로그램 등 저작자가 만든 창작물에 대한 권리를 보호하는 법률

07
지구촌에서 발생하는 여러 가지 문제 환경, 기아와 질병, 전쟁, 문맹, 물 부족, 인구, 핵폐기물 문제 등

ANSWER
04. ③ 05. ④ 06. ① 07. ②

08 세계화가 우리 생활에 미치는 긍정적인 측면으로 옳지 **않은** 것은?

① 무분별한 외국 문화의 수입으로 자국의 전통문화에 대한 관심이 부족해진다.

② 지구적인 환경 문제를 해결하기 위해 공동 노력을 기울이고 있다.

③ 서로의 이익을 위해 자유로운 경제 활동을 보장하는 협상을 한다.

④ 전쟁, 테러, 기아, 질병 등의 문제를 해결하기 위해 국경을 초월하는 정책을 제시하고 국제적 활동을 전개하고 있다.

09 빈곤과 기아 문제 해결을 위한 노력으로 옳지 **않은** 것은?

기출

① 교육 지원　　　　② 구호 활동

③ 모금 활동　　　　④ 핵무기 개발

08
다양한 문화가 교류하면서 우리나라의 문화가 세계 여러 나라에 영향을 미치고 다른 나라의 문화 역시 우리나라에 영향을 미치고 있다.

09
빈곤과 기아 문제를 해결하기 위한 노력 : 모금 활동, 구호 활동, 물건 식량 지원, 교육 제공, 가뭄에 강한 작물 보급, 농업 기술 전파, 캠페인 등 다양한 교육 활동

A N S W E R
08. ①　**09.** ④

03 통일 한국의 미래와 지구촌의 평화

1 한반도의 미래와 통일

(1) 남북통일이 필요한 까닭

① 남북 분단의 과정

대한민국 광복 후 한반도 위도 38도 선을 기준으로 남과 북에 각각의 다른 정부가 수립 → 남한에 자유주의 정권 수립, 북한에 사회주의 정권 수립 → 6·25 전쟁을 겪으면서 분단의 고착화

② 남북 분단으로 인한 문제점 : 전쟁에 대한 공포, 이산가족의 아픔, 높은 국방비 비율로 인한 경제적 손실, 남북 간 언어와 문화의 차이 등

③ 남북통일을 위한 노력 : 남북의 정상이 만나 남북 관계 정상화, 경제 협력과 이산가족 상봉 등에 대하여 논의하였고, 민간 차원에서 체육과 문화 교류, 경제 협력, 식량 지원 사업 등이 이루어지고 있다. 중요⁺

> **용어설명** 장거리 로켓 발사, 핵 실험, 천안함 피격 사건, 연평도 포격 사건 등과 같은 북한의 군사 도발이 계속된다면 한반도 평화는 불가능하다.

경제 교류	개성 공단에 입주한 우리 기업들은 북한의 근로자를 고용하여 다양한 제품을 생산
사회·문화 교류	• 금강산과 개성 관광 • 남북 여성 화가들의 작품 전시회 개최 • '겨레말 큰사전 남북 공동 편찬 사업'을 실시하여 언어의 이질화 개선 • 남북한 유소년 축구 선수단 간의 경기
인도적 분야의 교류	• 이산가족 상봉 행사 • 식량, 비료, 의약품 지원

> **용어설명** 남북 적십자 회담 : 이산가족의 만남을 추진하기 위하여 우리 정부에서 성사시킨 통일 사업

④ 남북통일로 얻을 수 있는 경제적 이득

    ㉠ 분단으로 국토를 효율적으로 이용하지 못했지만, 통일하면 전 국토를 효율적으로 이용할 수 있다.

    ㉡ 국방비가 줄어서 남은 비용을 다른 곳에 쓸 수 있으므로 사람들의 삶이 좋아진다.

    ㉢ 우리나라의 전통문화와 역사를 발전시켜 세계적인 관광 상품으로 만들 수 있다.

    ㉣ 남한의 우수한 기술력과 북한의 풍부한 지하자원과 노동력을 서로 결합해 활용할 수 있다.

    ㉤ 육로로 유럽이나 아시아의 다른 나라와 더 많은 교류를 할 수 있다.

⑤ 다른 나라의 통일 과정

    ㉠ 독일 : 서독이 동독을 흡수하는 형식으로 통일을 이루었음, 통일 이전에 활발히 교류하고 협력했고, 통일 이후에 전 국토를 골고루 발전시켰다.

    ㉡ 베트남 : 전쟁으로 통일을 이루었고, 그 과정에서 많은 사람이 다치거나 죽었다.

    ㉢ 예멘 : 정상 회담으로 통일을 이루었지만, 통일이 완벽하게 이루어지지 않고 경제가 나빠져 내전이 일어났다.

(2) 통일 한국의 모습

① 보다 나은 대한민국을 만들기 위해 해결해야 할 과제

    ㉠ 국민이 인권을 존중받고 공정한 대우를 받아야 한다.

    ㉡ 우리의 역사와 문화를 창조적으로 계승하고 발전시켜 나가야 한다.

 **알아두기**

북한의 정치, 경제, 사회

- 사회주의 정부가 들어섰다.
- 김일성 독재 체제를 강화하였다.
- 모든 경제 계획을 국가가 수립하고 개인의 사유 재산을 인정하지 않는 사회주의 경제 체제 유지
- 1994년 김일성, 2011년 김정일이 사망하고 뒤를 이어 김정은이 북한 사회를 통치하고 있다.

ⓒ 질병이나 사고 등 각종 재난에 대비하여 안전하게 살아가야 한다.

ⓔ 국민의 복지를 향상하여 모두가 인간다운 생활을 해야 한다.

② 미래의 대한민국을 이끌어 가기 위해 우리가 지녀야 할 자세

　㉠ 우리가 지녀야 할 자세

　　ⓐ 다른 사람을 존중하고 배려하면서 자신에게 주어진 책임과 의무를 다해야 한다.

　　ⓑ 세계화에 앞장서면서 문화의 다양성을 인정하고 개인과 국가발전을 위하여 노력해야 한다.

　㉡ 미래 대한민국의 모습 : 남북한이 평화 통일을 이룬 나라, 모두가 행복하고 안전한 나라, 세계 평화와 발전을 위해 노력하는 나라 등

2 지구촌의 평화와 발전

(1) 지구촌의 갈등 　중요+

① **자원으로 인한 갈등** : 동중국해 분쟁(중국, 일본)

동중국해에 매장된 천연가스 개발을 둘러싼 중국과 일본의 분쟁

② **영토로 인한 갈등** : 팔레스타인 분쟁(이스라엘, 팔레스타인)

제2차 세계 대전 이후 아랍인이 거주하던 팔레스타인 지역에 이스라엘 국가가 수립되면서 아랍인과 유대인 간의 분쟁이 시작되었다.

용어 설명▶ 팔레스타인 분쟁(이스라엘의 유대교, 팔레스타인의 이슬람교)은 종교로 인한 갈등 문제도 있다.

③ **종교로 인한 갈등** : 인도 카슈미르 분쟁(힌두교, 이슬람교)

1947년 인도와 파키스탄이 영국으로부터 분리 독립한 후 카슈미르 내의 힌두교도와 이슬람교도 간의 분쟁이 인도와 파키스탄 간의 전쟁으로 확대되었다.

> **바로로 확인▶**
>
> **지구촌 문제의 발생 원인이 <u>아닌</u> 것은?**
> ① 자원 부족과 환경오염
> ② 인구 문제와 기아
> ❸ 게임 및 인터넷 중독
> ④ 인종 및 민족 간의 갈등

④ 민족 문제로 인한 갈등 : 아프리카 케냐의 키쿠유족과 루오족 간의 뿌리 깊은 불신이 정치적 불안으로 인해 확대되어 종족 간의 학살이 일어나고 수많은 난민이 발생하였다.

용어설명 지구촌 : 마을 사람들이 한 집안처럼 서로 잘 알고 가까이 지내듯이, 세계 여러 나라가 한 마을처럼 서로 잘 알고 서로 도우며 살아야 한다는 뜻에서 붙여진 이름

(2) 갈등과 문제의 해결을 위한 노력

① 국제 사회의 노력 : 지구촌의 갈등과 문제는 개인의 힘으로 해결하기 어렵기 때문에 국제기구, 비정부 기구(NGO) 등을 통해 세계 여러 나라가 서로 협력하여 문제를 해결하려고 노력하고 있다.

용어설명 비정부 기구(NGO) : 지역, 국가, 국제적으로 조직된 자발적인 비영리 시민 단체로서 정치, 인권, 환경, 보건, 성차별 철폐 등 다양한 목적을 위해 활동한다.
🕮 국경 없는 의사회, 그린피스, 세이브 더 칠드런, 핵무기 폐기 국제 운동, 해비타트, 지뢰 금지 국제 운동 등

국제기구의 노력

• **국제 연합(UN)** : 1945년 설립해 평화 유지 활동, 전쟁 예방 활동, 국제 협력 활동을 한다.
• **국제 연합(UN) 산하 전문 기구**
 - 국제 노동 기구(ILO) : 전 세계의 노동 문제를 다룬다.
 - 유엔 난민 기구(UNHCR) : 전쟁 등으로 살 곳을 잃은 난민들을 도움, 처음에는 임시 기구였는데 난민이 계속 많아져서 정식 기구가 되었다.
 - 유네스코(UNESCO) : 교육, 과학, 문화 분야 등에서 국제 교류를 하면서 평화를 추구한다.
 - 국제 원자력 기구(IAEA) : 원자력 에너지를 평화적이고 안전한 방법으로 이용하도록 노력한다.

② 개인의 노력

이태석 신부	남수단에서 의료 봉사와 교육에 헌신해 '한국의 슈바이처'로 불렸으며, 국적과 종교를 넘은 희생과 봉사로 지구촌 평화를 위해 노력했다.
간디	남아프리카 공화국에서 일어났던 인도인 인종 차별과 억압에 대해 비폭력적 방법으로 투쟁함으로써 인류 평화에 이바지했다.
조디 윌리엄스	미국의 사회 운동가로 지뢰 금지 국제 운동 단체 설립에 참여했으며, 이 단체의 노력으로 123개 나라가 더는 사람에게 지뢰를 사용하지 않겠다고 약속했다.
말랄라 유사프자이	여성 교육을 위해 활동한 파키스탄의 운동가로 누리 소통망 서비스(SNS)를 이용해 탈레반 점령 지역의 생활과 여학생 교육의 문제점을 알리려고 노력했다.

③ 국가들의 노력

  ㉠ 우리나라

    ⓐ 한국 국제 협력단(KOICA)의 봉사활동 등 지구촌 곳곳에서 평화와 사랑을 실천하는 일에 참여하고 있다.

    ⓑ 전쟁이나 폭력으로부터 생명과 인권을 보호하고 질병을 치료하며 새로운 지식과 기술을 가르쳐 주는 활동을 한다.

  ㉡ 코스타리카 : 군대 창설을 금지하는 법령을 발표하고, 군사비를 줄인 돈을 아이들의 교육과 복지에 투자해 이제는 코스타리카의 모든 아이가 무료로 진료를 받을 수 있게 되었다.

03 통일 한국의 미래와 지구촌의 평화

01 남북 분단의 과정
광복 후 38도 선을 기준으로 남과 북에 각각의 다른 정부 수립 → 남한에 자유주의 정권 수립, 북한에 사회주의 정권 수립 → 6 · 25 전쟁을 겪으면서 분단의 고착화

02 남북 분단으로 겪는 어려움 : 전쟁에 대한 공포, 이산가족의 아픔, 높은 국방비 비율로 인한 경제적 손실, 남북 간 언어와 문화의 차이 등

03 남북 적십자 회담은 이산가족의 만남을 추진하기 위하여 우리 정부에서 성사시킨 통일 사업이다.

04 지구촌의 갈등
- 자원으로 인한 갈등 : 동중국해 분쟁(중국, 일본)
- 영토로 인한 갈등 : 아랍인과 유대인 간의 분쟁
- 종교로 인한 갈등 : 인도 카슈미르 분쟁(힌두교, 이슬람교)
- 민족 문제로 인한 갈등 : 케냐의 키쿠유족과 루오족 간 갈등

05 비정부 기구(NGO) : 자발적인 비영리 시민 단체로서 정치, 인권, 환경, 보건, 성차별 철폐 등을 위해 활동한다.

06 유네스코 : 교육, 과학, 문화 분야 등 국제 교류를 하면서 평화를 추구한다.

07 남아프리카 공화국에서 일어났던 인도인 인종 차별과 억압에 대해 비폭력적 방법으로 투쟁함으로써 인류 평화에 이바지한 사람은 간디이다.

01 평화 유지 활동, 전쟁 예방 활동, 국제 협력 활동을 주요 임무로 하고 있는 국제기구는?

① 국제 연합(UN)　② 한국 국제 협력단
③ 비정부 기구(NGO)　④ 오르비스

02 다음 중 평화적인 통일을 이룬 나라는?

① 베트남　② 대한민국
③ 독일　④ 예멘

03 이슬람교와 힌두교도 간의 종교 갈등을 일으키고 있는 나라는?

① 중국과 일본　② 이스라엘과 팔레스타인
③ 파키스탄과 방글라데시　④ 인도와 파키스탄

04 평화 통일을 위한 우리의 노력과 관계있는 것은?

① 핵실험　② 무력 도발
③ 연평도 포격 사건　④ 남북 이산가족 상봉

05 세계를 하나의 지구촌으로 만드는 데 관련이 없는 것은?

① 종족 분쟁　② 교통·통신의 발달
③ 과학 기술　④ 인터넷의 사용

01

② 한국 국제 협력단 : 개발도상국을 국가적 차원에서 돕는 일을 하고 있다.
③ 비정부 기구(NGO) : 지역, 국가, 국제적으로 조직된 자발적인 비영리 단체로서 정치, 인권, 환경, 보건, 성차별 철폐 등 다양한 목적을 위해 활동한다.
④ 오르비스 : 세계 여러 나라의 의료인들로 구성된 비영리 단체이다.

02

독일 : 서독이 동독을 흡수하는 형식으로 통일을 이루었음. 통일 이전에 활발히 교류하고 협력했고, 통일 이후에 전 국토를 골고루 발전시켰다.

03

종교로 인한 갈등 : 1947년 인도와 파키스탄이 영국으로부터 분리 독립한 후 카슈미르 내의 힌두교도와 이슬람교도 간의 분쟁이 인도와 파키스탄 간의 전쟁으로 확대되었다.

04

남북통일을 위한 노력 : 남북의 정상이 만나 관계 정상화, 경제 협력과 이산가족 상봉 등에 대하여 논의하였고, 민간 차원에서 체육과 문화 교류, 경제 협력, 식량 지원 사업 등이 이루어지고 있다.

05

종족 간의 분쟁은 지구촌을 하나로 만드는 데 방해되는 요소이다.

‑ A N S W E R ‑

01. ①　**02.** ③　**03.** ④　**04.** ④　**05.** ①

06 다음 중 남북통일을 이루어야 하는 가장 중요한 까닭은?

① 이산가족들이 서로 만나기 위해

② 북한의 문화재를 보호하기 위해

③ 불필요한 힘의 낭비를 줄이고 민족의 발전을 위해

④ 북한의 명승지를 관광하기 위해

06

불필요한 힘의 낭비를 줄이고 민족의 발전을 위해 남북통일은 절실히 요구되고 있다. 또한 남북통일은 민족의 동질성을 회복하고, 경제적 발전 및 세계의 평화에 기여하게 된다.

07 지구촌의 갈등 중 다음 내용에 해당하는 것은?

> 이스라엘과 팔레스타인의 갈등

① 분쟁의 해결을 위해 당사자들만 노력하면 된다.

② 영토로 인해 생긴 갈등이다.

③ 종족 간의 학살이 일어나고 수많은 난민이 발생하였다.

④ 천연가스 개발을 둘러싼 갈등이다.

07

영토로 인한 갈등 : 제2차 세계 대전 이후 아랍인이 거주하던 팔레스타인 지역에 이스라엘 국가가 수립되면서 아랍인과 유대인 간의 분쟁이 시작되었다.

08 다음 내용에 해당하는 활동을 하는 국제 연합 산하 전문 기구로 옳은 것은?

> 교육, 과학, 문화 분야 등에서 국제 교류를 하면서 평화를 추구한다.

① 국제 원자력 기구(IAEA)

② 유엔 난민 기구(UNHCR)

③ 유네스코(UNESCO)

④ 국제 노동 기구(ILO)

08

유네스코(UNESCO) : 교육, 과학, 문화의 보급 및 교류를 통해 여러 국민들 사이의 이해를 돈독히 하고 협력관계를 촉진함으로써 국제평화와 안전을 확보하려는 국제연합의 전문기관, 유엔 교육 과학 문화 기구이다.

----- **ANSWER** -----

06. ③ **07.** ② **08.** ③

01 다음 중 옛날의 가정생활 모습이 <u>아닌</u> 것은?

① 어머니는 청소, 빨래, 밥 짓기와 농사일도 하셨다.

② 부모님께서는 직장에 다니며 집안일을 함께 하셨다.

③ 할아버지께서는 집안의 크고 작은 일을 결정해 주셨다.

④ 할머니께서는 손자, 손녀를 돌보셨다.

01
옛날에는 남자와 여자가 하는 일이 달랐다. 아버지는 주로 농사일이나 고기 잡이를 하고, 일터에 나가셨다. 어머니는 청소, 빨래, 밥 짓기와 아기를 돌보고, 농사일도 하셨다.

02 다음 중 가족의 소중함을 가장 잘 설명한 것은?

① 어려울 때만 서로 도와준다.

② 서로 아껴 주고 이해하며 사랑한다.

③ 의식주만 해결해 준다.

④ 각자 서로의 이익을 생각한다.

02
가족은 의식주를 해결해 주고, 휴식 공간을 제공하며 어렵고 힘든 일은 함께 해결하여 서로에게 힘이 되어 준다.

03 가족의 의미와 역할에 대한 설명으로 옳은 것은?

① 한 부모 가족은 가족의 형태가 아니다.

② 가족은 부모님의 결혼과 출산으로만 이루어진다.

③ 입양으로 생긴 동생도 내 가족이다.

④ 가족의 일은 부모님만의 생각으로 해결하는 것이 바람직하다.

03
① 한 부모 가족은 구성원의 특성에 따른 가족의 형태이다.
② 가족은 대부분 아버지와 어머니의 결혼과 자녀의 출산, 때로는 입양을 통해 형성된다.
④ 가족이 함께 의논하여 해결한다.

ANSWER
01. ② 02. ② 03. ③

04 다음 대화를 통해 알 수 있는 가족의 형태는?

> 나 : 할아버지! 이번 여행은 어디로 가요?
> 할아버지 : 이번에는 영희랑 할머니가 좋아하는 꽃구
> 경 가자.
> 나 : 역시 할아버지는 저랑 마음이 통한다니까요.
> 할아버지 : 그렇지? 오랜만에 꽃구경도 하고 맛있는
> 것도 먹고 오자.
> 나 : 네, 할아버지, 우리 식구 모두가 함께 여행을 가니
> 정말 행복해요.

① 한 부모와 자녀로 이루어진 가족
② 결혼하지 않은 자녀들로 이루어진 가족
③ 조부모와 손주로 이루어진 가족
④ 한국인과 외국인이 결혼해 이루어진 가족

04
조부모와 손주로 이루어진 가족은 조손
가족이다.

05 다양한 가족 형태에 대한 설명으로 옳지 <u>않은</u> 것은?

① 한 부모 가족 – 결혼하지 않은 자녀들로 이루어진
가족
② 입양 가족 – 혈연관계는 아니지만 법률상으로 부모
와 자녀 관계가 된 가족
③ 다문화 가족 – 우리나라에 살고 있는 외국인과 결
혼한 한국 가족
④ 재혼 가족 – 두 가족이 새롭게 한 가족이 된 가족

05
한 부모 가족 : 아버지와 자녀, 어머니
와 자녀로 구성된 가족

A N S W E R
04. ③ **05.** ①

06 다음 중 가족이 소중한 이유로 옳지 <u>않은</u> 것은?

① 친구를 사귀며 따뜻한 마음을 나눈다.

② 어렵고 힘든 일은 함께 해결하여 서로에게 힘이 되어 준다.

③ 의식주를 해결해 준다.

④ 몸과 마음이 편히 쉴 수 있는 휴식 공간을 제공해 준다.

06
①은 학교가 소중한 이유이다.

07 저출산 문제를 해결하기 위한 방법으로 알맞은 것은?

① 정년을 연장한다.

② 육아 휴직 기간을 늘린다.

③ 노인 복지 시설을 세운다.

④ 보육 시설을 줄인다.

07
출산율을 높이기 위해서는 보육 시설을 늘리고, 출산비 지급, 육아 휴직 확대, 자녀 교육비 지원 등을 통해 출산과 양육에 어려움이 없는 환경을 만들어야 한다.

08 다음 중 바람직한 인터넷 사용 방법은?

① 프로그램을 불법 복제한다.

② 남을 배려하지 않는다.

③ 해킹을 하지 않는다.

④ 불법 인터넷 프로그램을 사용한다.

08
해킹은 다른 시스템에 불법적으로 접근하여 피해를 입히는 행위로 절대 해서는 안 된다.

09 다음을 통해 해결하고자 하는 지구촌 문제는?

- 친환경 빨대 사용하기
- 세계 환경의 날
- 해양 쓰레기 공동 회의

① 인종 갈등　　② 종교 갈등

③ 환경 오염　　④ 동물 학대

09
지구촌 환경 문제 해결을 위한 노력 : 환경 캠페인 참여하기, 일회용품 줄이기, 친환경 빨대 사용하기, 에너지 절약하기 등

ANSWER
06. ①　07. ②　08. ③　09. ③

10 네티켓을 지켜 생활하는 태도로 올바른 것은?

① 상대방을 존중하는 뜻에서 예절을 지켜 표준어를 쓴다.

② 상대방이 보이지 않으므로 예절에 크게 신경 쓰지 않는다.

③ 쉽게 읽을 수 있도록 '방가방가'와 같이 준말을 쓴다.

④ 자신의 신분이 노출되지 않도록 가급적 가명을 쓴다.

11 세계를 '지구촌'이라고 부르게 된 까닭은 무엇인가?

① 우주여행을 할 수 있게 되었기 때문에

② 교통과 통신의 발달로 세계가 가까워졌기 때문에

③ 무역이 발달하였기 때문에

④ 국가 간의 협력이 줄어들었기 때문에

12 다음과 같은 활동을 하는 국제적인 단체는?

- 의료 지원을 받지 못하거나 전쟁, 질병, 자연재해 등으로 고통받는 사람들을 돕는다.
- 1971년 프랑스의 베르나르 쿠슈네르가 설립하였다.
- 1999년에 노벨 평화상을 받았다.

① 국경 없는 의사회
② 유니세프
③ UN
④ 유네스코

10 네티켓은 인터넷이나 통신상에서 상대방에게 지켜야 할 예의를 말하는 것으로, 상대방을 존중하는 뜻에서 예절을 지켜 표준어를 쓴다.

11 지구촌은 마을 사람들이 한 집안처럼 서로 잘 알고 가까이 지내듯이 세계 여러 나라가 한 마을처럼 서로 잘 알고 서로 도우며 살아야 한다는 뜻에서 붙여진 이름이다.

12
② 유니세프(UNICEF, 국제 연합 아동 기금) : 세계 여러 지역 어린이들의 생활, 권리 등 어린이들의 복지를 위한 국제 연합 기구
③ 국제 연합(UN) : 전쟁 방지와 평화 유지를 위해 설립된 국제기구
④ 유네스코(UNESCO) : 교육·과학·문화의 보급 및 교류를 통해 여러 국민들 사이의 이해를 돈독히 하고 협력관계를 촉진함으로써 국제평화와 안전을 확보하려는 국제연합의 전문기관

ANSWER
10. ① 11. ② 12. ①

13 다음에 설명하는 사람으로 옳은 것은?

> 남아프리카 공화국에서 일어났던 인도인 인종 차별과 억압에 대해 비폭력적 방법으로 투쟁함으로써 인류 평화에 이바지했다.

① 이태석 신부
② 간디
③ 말랄라 유사프자이
④ 조디 윌리엄스

14 비정부 기구(NGO)의 활동을 연결한 것으로 옳지 <u>않은</u> 것은?

① 세이브 더 칠드런 – 전 세계 어린이의 구호활동을 목적으로 설립된 국제 기구이다.
② 지뢰 금지 국제 운동 – 지뢰를 제거하고 희생자들의 인권을 보호하려는 운동이다.
③ 그린피스 – 프랑스 의사들이 주축이 되어 정치·종교·인종·이념을 초월한 의료인도주의 봉사단체이다.
④ 해비타트 – 전 세계 무주택 서민들 주거문제를 해결할 목적으로 창설한 기독교 봉사단체이다.

13
간디
남아프리카를 여행하던 중 그곳에서 인도 사람들이 영국 사람들에게 박해 받는 모습을 보고 인도 사람들의 지위와 인간적인 권리를 보호하기로 결심하고, 인도로 돌아와 국내에서 독립 운동을 전개하였다.

14
③의 내용은 국경 없는 의사회에 대한 설명이다.
그린피스
고래 지키기 캠페인을 벌일 뿐만 아니라, 환경을 오염시키는 핵무기를 반대하고 환경 보호를 위해 활동한다.

- A N S W E R -
13. ② 14. ③

Chapter 05

역사

01 우리 지역의 역사와 시대마다 다른 삶의 모습

1 옛날과 오늘날의 생활 모습

(1) 옛날 사람들이 도구를 사용하던 모습

① 자연에서 얻은 도구를 사용하던 시대

㉠ 구석기

도구	[뗀석기]	• 나무나 동물의 뼈, 돌을 이용하여 만들었다. • 뗀석기 사용 : 뗀석기는 돌을 깨뜨리거나 떼어 만든 도구
의생활		넓은 나뭇잎이나 풀을 엮거나, 사냥하여 잡은 짐승의 가죽으로 옷을 만들었다.
식생활		• 사냥을 해서 고기를 얻었다. • 주변의 산과 들에서 나무 열매나 풀뿌리 등을 채집하였다.
주생활		• 먹을 것을 찾아 옮겨 다녔다. • 추위와 동물의 위협으로부터 몸을 보호하기 위해 동굴이나 바위 아래에서 무리지어 살았다. • 불을 이용하여 몸을 따뜻하게 하고 사나운 짐승을 쫓아내고 음식을 익혀 먹었다.

ⓛ 신석기

도구	[간석기] [빗살무늬 토기]	• 간석기 사용 : 돌을 갈고 다듬어 간석기를 만들었다. • 빗살무늬 토기 : 곡식 조리, 식량 저장 • 갈판과 갈돌 : 곡식의 껍질을 벗기거나 가루를 내었다.
의생활		• 조개껍데기, 동물의 뼈와 이빨로 장신구를 만들었다. • 식물에서 얻은 실로 옷감을 짜서 옷을 만들었다.
식생활		• 조, 수수 등의 곡식을 심었다. • 돌로 만든 그물추나 뼈로 만든 낚싯바늘로 고기잡이를 하였다. • 짐승을 사냥하거나 잡은 짐승을 집에서 길렀다.
주생활		• 농사를 짓고 가축을 기르면서 한곳에 정착하여 살았다. • 먹을 것을 얻기 쉬운 강가에 움집을 짓고 모여 살았다.

② 새로운 도구를 만들어 사용하던 시대

㉠ 청동기

도구	[비파형 동검]	• 청동기 사용 : 하늘에 제사를 지내는 도구, 지배 계급의 무기나 장신구 등으로 쓰였다. • 농사 : 돌과 나무로 만든 도구가 사용되었다. • 민무늬 토기 사용 : 무늬가 그려지지 않은 토기 • 반달 모양의 돌칼 : 곡식 수확
의생활		가락바퀴를 통해 천으로 만든 옷을 입거나 수렵 도구를 통해 가죽으로 옷을 만들어 입었을 가능성이 있다.
식생활		벼농사를 지었다.
주생활		• 여러 가족이 마을을 이루고 살았다. • 다른 마을 사람들의 침입을 막기 위해 마을 주변에 울타리를 둘렀다.

ⓛ 철기

ⓐ 생활도구와 무기로 널리 쓰였다.

ⓑ 철로 만든 농기구를 사용하면서 전보다 더 많이 농사를 지었다.

ⓒ 철을 사용해서 날카롭고 단단한 무기를 만들었다.

> **바로 확인 ▶▶**
>
> 다음은 무엇을 설명하는 것인가?
>
> - 청동기 시대 마을 지도자의 무덤
> - 지배자들이 자신의 힘을 과시하기 위하여 만들었다.
> - 민무늬 토기와 여러 가지 청동기가 발견되었다.
>
> ① 청동기   ❷ 고인돌
> ③ 토기   ④ 움집

(2) 농사 도구와 생활 모습의 변화

① 농사 도구의 발달

㉠ 땅을 가는 도구의 변화 : 돌팽이 → 철로 만든 괭이 → 쟁기 → 트랙터

㉡ 곡식을 수확하는 도구의 변화 : 반달돌칼 → 철로 만든 낫 → 탈곡기 → 수확기(콤바인)

② 농사 도구의 발달로 달라진 사람들의 생활 모습

㉠ 농사도구가 돌에서 기계로 발달하면서 한 사람이 농사지을 수 있는 땅이 넓어지고 수확하는 곡식의 양이 늘어났다.

㉡ 소를 이용한 농사 도구를 사용하다가 오늘날에는 농기계를 사용해서 쉽고 편리하게 농사짓게 되었다.

㉢ 다양하고 많은 양의 곡식과 채소, 과일을 얻을 수 있게 되었다.

(3) 음식과 옷을 만드는 도구와 생활 모습의 변화

① 음식을 만드는 도구

㉠ 음식을 만드는 도구의 변화 : 토기 → 시루 → 가마솥 → 전기밥솥

㉡ 음식을 만드는 도구의 발달로 달라진 사람들의 생활 모습 : 사람들은 점차 다양한 종류의 음식을 편리하게 만들어 먹을 수 있게 되었다.

② 옷을 만드는 도구

㉠ 옷을 만드는 도구의 변화 : 가락바퀴 → 베틀 → 방직기, 재봉틀

ⓒ 옷을 만드는 도구의 발달로 달라진 사람들의 생활 모습 : 다양한 종류의 옷을 쉽고 빠르게 만들 수 있게 되었다.

(4) 사람들이 사는 집의 모습 변화

① 집의 모습 변화 : 동굴이나 바위 그늘 → 움집 → 귀틀집 → 기와집, 초가집 → 아파트

② 집을 만드는 재료의 변화 : 옛날에는 풀과 나무, 돌, 흙 등을 많이 사용했지만 오늘날에는 철근, 시멘트 등을 주로 사용한다.

③ 집의 변화로 달라진 사람들의 생활 모습

ⓐ 시간이 흐르면서 집은 공간이 넓어지고 더 튼튼해졌다.

ⓑ 집의 모습이 변하면서 사람들의 생활 모습도 달라졌다.

2 옛날과 오늘날의 세시 풍속

(1) 세시 풍속과 명절

① 세시 풍속

ⓐ 의미 : 옛날부터 전해 오는 관습으로 해마다 일정한 시기에 맞추어 행해지는 고유의 행사와 풍습이다.

집의 모습 변화

- 동굴, 바위 그늘 : 추위와 더위를 피하고 동물의 공격으로부터 몸을 보호했다.
- 움집 : 땅을 파서 가운데 기둥을 세우고, 지붕을 덮어 만든 집으로, 정착생활을 시작했다.
- 귀틀집 : 통나무를 정(井)자 모양으로 맞추어 층층이 얹고 그 틈을 흙으로 메워 지은 집으로 움집보다 크고 튼튼하다.
- 기와집 : 남자와 여자의 생활공간이 달랐다(사랑채 - 남자, 안채 - 여자).
- 초가집 : 공간을 용도에 맞게 나누어 사용했다.
- 아파트 : 거실과 주방이 연결되어 있고 화장실이 집 안에 있다.

ⓛ 옛날부터 있었던 세시 풍속

설날	• 음력 1월 1일로 옛날부터 오늘날까지 이어져 오는 우리나라 초대의 명절이다. • 설빔, 세배, 차례, 연날리기, 윷놀이, 투호놀이, 팽이치기, 복조리 걸기, 널뛰기, 떡국 등
정월대보름	• 새해 첫 보름날로써 농사의 시작일을 의미하는 날이다. • 쥐불놀이, 달맞이, 놋다리밟기, 차전놀이, 지신밟기, 부럼깨물기, 오곡밥 등
한식	• 한 해 농사가 잘 되길 기원하며 조상들의 산소에 성묘한다. • 불을 사용하지 않고 찬 음식을 먹는다.
단오	• 매년 음력 5월 5일로 곧 더위가 시작되는 때이다. • 그네뛰기, 씨름, 부채 선물하기, 창포물에 머리감기 등
삼복	• 일 년 중에서 여름철의 가장 더운 기간, 초복·중복·말복으로 나뉜다. • 무더위를 피해 시원한 계곡이나 산으로 놀러감, 삼계탕이나 육개장과 같은 보양식을 먹는다.
추석	• 음력 8월 15일로 한 해 동안 농사지은 과일과 곡식을 수확하고 조상들에게 차례를 지내고 성묘를 한다. • 강강술래, 줄다리기, 소싸움, 기마싸움, 송편, 토란국, 보름달에 소원빌기 등
중양절	• 한국, 중국, 베트남, 일본 등 동아시아 지역에서 매년 음력 9월 9일에 지내는 세시 명절이다. • 국화주, 국화전, 밤떡, 단풍놀이 등
동지	• 일 년 중 밤이 가장 길고 낮이 가장 짧은 날로, 추위도 점차 심해지기 시작한다. • 붉은색 팥죽은 액운을 물리친다는 의미에서 동지팥죽을 먹는다.

② 명절

    ㉠ 의미 : 오랜 관습에 따라 해마다 일정하게 지켜 즐기거나 기념하는 날이다.

    ㉡ 우리나라의 대표적인 명절 : 설날, 추석, 정월 대보름, 한식, 단오, 동지 등

    ㉢ 명절에 하는 일

        ⓐ 명절날 아침에는 조상들께 음식을 올리고 차례를 지낸다.

        ⓑ 다양한 계절 음식으로 차례상을 차리고 음식을 나누어 먹는다.

        ⓒ 멀리 떨어져 사는 친척들을 만나 서로 안부를 나눈다.

(2) 옛날과 오늘날의 세시 풍속 비교

① 설날

공통점	• 차례를 지내고 어른들께 세배하는 풍속이 있다. • 설날에 흰 가래떡으로 떡국을 끓여먹는다. • 묵은해의 일들은 떨쳐버리고 일 년 동안 좋은 일만 생기기를 바라는 기원과 마음을 담아 설빔을 입는다. • 나쁜 기운을 몰아내고 복을 얻기 위한 다양한 세시 풍속이 있다.
차이점	• 옛날에는 오늘날보다 더 다양하고 많은 세시 풍속이 있다. • 오늘날에는 재미있는 전통 놀이로 윷놀이를 하지만 옛날에는 윷놀이를 하면서 운세를 점치기도 했다.

② 추석

공통점	• 친척들이 모여 소식을 주고받고 즐거운 시간을 보낸다. • 송편을 만들어 먹는다. • 감사의 의미로 수확한 곡식과 과일로 조상들께 차례를 지내고 성묘를 한다.
차이점	• 옛날에는 마을 사람들이 모여 강강술래와 줄다리기를 했다. • 오늘날에는 민속촌과 같은 곳에 가서 여러 가지 전통 놀이를 체험한다.

(3) 농사와 관련된 세시 풍속

① 옛날에는 주로 농사를 짓고 살았는데, 날씨와 계절의 변화는 농사를 짓는데 매우 중요했다. → 농사와 관련된 세시 풍속이 계절에 따라 다양했음

② 오늘날 사람들은 주로 회사에 다니거나 공장 등에서 일을 하므로 농사와 관련된 세시 풍속이 많이 사라졌고, 대부분 설날이나 추석과 같은 큰 명절을 중심으로 한 세시 풍속만 이어져 내려오고 있다.

(4) 오늘날의 세시 풍속이 많이 바뀐 까닭

① 오늘날에는 옛날보다 교통과 통신, 과학의 발달로 직업이 다양해지면서 세시 풍속의 모습이 많이 바뀌었다.

② 오늘날은 옛날보다 농사를 짓는 사람이 줄었기 때문에 대부분의 사람들이 회사나 공장 등에서 일하여 계절과 날씨의 영향을 적게 받기 때문이다.

③ 계절과 날씨에 상관없이 다양한 세시 풍속을 언제든지 체험해 볼 수 있기 때문이다.

01 우리 지역의 역사와 시대마다 다른 삶의 모습

01 뗀석기는 구석기 시대의 석기 제조 기술로, 돌을 깨뜨리거나 떼어 만든 도구이다.

02 빗살무늬 토기는 신석기 시대의 대표적인 유물로 곡식을 조리하거나 식량을 저장하였다.

03 청동기 시대는 가락바퀴를 통해 천으로 만든 옷을 입거나 수렵 도구를 통해 가죽으로 옷을 만들어 입었을 가능성이 있다.

04 반달 돌칼은 곡식을 거둬들일 때 주로 사용한 청동기 시대 농사 도구이다.

05 고인돌은 청동기 시대 마을 지도자의 무덤으로 지배자들이 자신의 힘을 과시하기 위하여 만들었다.

06 움집은 땅을 파서 가운데 기둥을 세우고, 지붕을 덮어 만든 집으로, 정착생활을 시작했다.

07 세시 풍속은 옛날부터 전해 오는 관습으로 해마다 일정한 시기에 맞추어 행해지는 고유의 행사와 풍습이다.

08 동지는 일 년 중 밤이 가장 길고 낮이 가장 짧은 날로, 팥죽을 쑤어먹는 명절이다.

01 다음 중 청동기 시대의 유물은?

① 반달 모양 돌칼 ② 돌보습
③ 장군총 ④ 주먹 도끼

02 신석기 시대에 만들어진 토기로 곡식을 쪄 먹거나 식량을 저장하는 데 사용했던 것은?

① 고려청자 ② 민무늬 토기
③ 빗살무늬 토기 ④ 고인돌

03 삼국 시대 사람들의 생활 모습에 대한 설명으로 알맞지 않은 것은?

① 벼농사가 한반도 각지에서 이루어져 모든 사람들이 쌀밥을 먹었다.
② 철제 농기구와 소를 이용해 농사를 지었다.
③ 태어날 때부터 신분이 정해져 있었다.
④ 베를 짜서 옷을 만들어 입었다.

04 다음 중 돌을 갈고 다듬어 도구를 만든 시대의 생활 모습으로 옳지 않은 것은?

① 조, 수수 등의 곡식을 심었다.
② 불을 이용하여 몸을 따뜻하게 하고 사나운 짐승을 쫓아내고 음식을 익혀 먹었다.
③ 먹을 것을 얻기 쉬운 강가에 움집을 짓고 모여 살았다.
④ 식물에서 얻은 실로 옷감을 짜서 옷을 만들었다.

05 옛날과 오늘날의 추석에 공통으로 하는 세시 풍속으로 옳지 <u>않은</u> 것은?

① 송편을 만들어 먹는다.

② 차례를 지내고 어른들께 세배하는 풍속이 있다.

③ 친척들이 모여 소식을 주고받고 즐거운 시간을 보낸다.

④ 감사의 의미로 수확한 곡식과 과일로 조상들께 차례를 지내고 성묘를 한다.

05
차례를 지내고 어른들께 세배하는 풍속은 설날이다.

06 다음 내용에 해당하는 세시 풍속은?

> • 일 년 중 밤이 가장 길고 낮이 가장 짧은 날로, 추위도 점차 심해지기 시작한다.
> • 붉은색 팥죽은 액운을 물리친다는 의미에서 동지 팥죽을 먹는다.

① 동지 ② 삼복
③ 단오 ④ 정월대보름

06
동지는 24절기 가운데 스물두째 절기로 팥죽을 쑤어먹는 명절이다.

07 오늘날의 세시 풍속이 많이 바뀐 까닭으로 옳지 <u>않은</u> 것은?

① 교통과 통신, 과학이 발달했기 때문에

② 직업이 다양해졌기 때문에

③ 계절과 날씨의 영향을 많이 받기 때문에

④ 농사를 짓는 사람이 줄었기 때문에

07
오늘날은 옛날보다 농사를 짓는 사람이 줄었기 때문에 대부분의 사람들이 회사나 공장 등에서 일하여 계절과 날씨의 영향을 적게 받기 때문이다.

ANSWER
05. ② **06.** ① **07.** ③

02 옛사람들의 삶과 문화

1 나라의 등장과 발전

(1) 최초의 국가 고조선

① 고조선의 건국 **중요⁺**

ㄱ 건국 시기 : 기원전 2333년 → 청동기 시대가 시작될 무렵

ㄴ 건국한 사람 : 단군왕검

용어 설명 단군왕검의 의미

단군 + 왕검 = 제사장이자 지배자
→ 정치 지배자
→ 하늘에서 제사를 지내는 제사장

ㄷ 건국 의의 : 단군왕검이 세운 청동기 문화를 바탕으로 발전한 우리나라 최초의 국가

ㄹ 관련 자료 : ≪삼국유사≫에 단군왕검과 관련한 고조선의 건국 이야기가 실려 있다.

바로로 확인

단군왕검이 세운 최초의 우리나라 이름은?
① 고려   ② 조선
③ 고구려   ❹ 고조선

② 고조선의 성장 **중요⁺**

ㄱ 위치 : 한반도 북쪽 지역과 중국의 동북쪽 지역

ㄴ 청동기 문화가 발달한 나라 : 고조선의 영역이었던 곳에서 비파형 동검, 탁자식 고인돌, 미송리식 토기가 많이 발견

[미송리식 토기]

ㄷ 여덟 개의 법(8조법)

현재까지 전해지는 세 개 조항	고조선 사람들의 생활 모습
사람을 죽인 자는 사형에 처한다.	남을 죽이거나 다치게 하면 벌을 받았다. → 엄격한 사회 질서
남을 다치게 한 자는 곡식으로 갚아야 한다.	죄를 곡식으로 갚아야 했다. → 개인의 재산이 있고, 농사를 짓는 사회
도둑질을 한 자는 데려다 노비로 삼는다. 만일 도둑질한 사람이 죄를 벗으려면 많은 돈을 내야 한다.	도둑질한 자는 데려다 노비로 삼는다. → 신분의 차이가 있는 사회

ㄹ 멸망 : 중국 한나라의 침략을 받아 싸웠으나 멸망하였다.

(2) 삼국의 성립과 발전

① 백제의 성장과 발전 → 삼국 중 가장 먼저 전성기를 맞이한 나라 **중요***

건국한 사람	온조
성장과 발전 요인	• 한강 유역의 넓은 평야를 차지하고 있어 농사짓기에 좋았다. • 황해를 통해 중국의 발전된 문물을 쉽게 받아들일 수 있었다.
전성기	4세기 근초고왕
근초고왕의 업적	• 북쪽으로 고구려를 공격하여 황해도 지역을 차지하였다. • 남쪽으로 마한 세력을 정복하여 남해안까지 넓혔다. • 중국과 왜와 활발히 교류하였다.

용어설명 왜 : 일본은 이전까지 '왜'라 불렀으나 7세기 후반 '일본'으로 나라 이름을 바꾸었다.

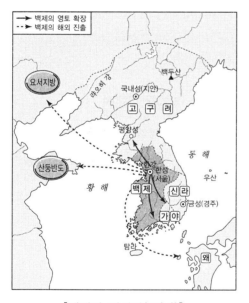

[백제의 전성기(4세기)]

바로바로확인 ▶▶

다음에서 설명하는 나라는?

• 온조가 한강 지역에 세운 나라이다.
• 근초고왕 때 고구려를 공격해 북쪽으로 진출했다.
• 지금의 공주시, 부여군, 익산시가 옛 도읍지이다.

❶ 백제　　　　② 신라
③ 고려　　　　④ 조선

② 고구려의 성장과 발전 중요⁺

건국한 사람	주몽
성장과 발전 요인	국내성(중국 지안)으로 도읍을 옮긴 뒤 주위의 작은 나라들을 정복하며 세력을 키웠다.
전성기	5세기 광개토 대왕, 장수왕
광개토 대왕의 업적	• 한강 이북을 점령하여 백제의 항복을 받아 냈다. • 신라를 도와 왜구를 물리쳤다. • 요동 지역과 만주 지역까지 영토를 넓혔다.
장수왕의 업적	수도를 평양성으로 옮기고 한강 남쪽을 차지하여 신라와 백제를 위협하였다.

용어설명 ▶ 영토 확장과 업적을 기념하여 세운 비석
  • 광개토 대왕릉비 : 장수왕이 세운 비로, 광개토 대왕의 업적에 대한 내용이 기록되어 있다.
  • 중원 고구려비 : 국내에 유일하게 남아 있는 고구려 석비로, 장수왕이 남한강 유역의 여러 성을 빼앗은 뒤, 그 기념으로 세운 것이라 추측한다.

[고구려의 전성기(5세기)]

바로바로 확인 ▶▶

다음에서 설명하는 나라는?

• 광개토 대왕 때 요동 지역을 차지했다.
• 장수왕 때 평양 지역으로 수도를 옮겼다.

❶ 고구려   ② 백제
③ 신라   ④ 가야

③ 신라의 성장과 발전

　　㉠ 건국한 사람 : 박혁거세

　　㉡ 전성기 : 6세기 진흥왕

　　㉢ 진흥왕의 업적

　　　　ⓐ 화랑도를 국가적인 조직으로 만들어 인재 양성

　　　　ⓑ 한강 유역 차지

　　　　ⓒ 대가야 정복

　　　　ⓓ 중국과 직접 교류

　　　　ⓔ 삼국 통일의 기반 마련

[신라의 전성기(6세기)]

④ 가야의 성장과 멸망

　　㉠ 건국 : 낙동강 유역에서 여러 개의 작은 나라들이 모여 가야를 이루었다.

　　㉡ 건국한 사람 : 김수로

　　㉢ 발전

　　　　ⓐ 바닷길을 이용하여 중국, 왜 등과 활발한 교역을 하였다.

　　　　ⓑ 가야의 질 좋은 철을 구하기 위해 교역하는 나라들이 많았다.

　　㉣ 멸망 : 신라에 의해 멸망

⑤ 삼국에 전래된 불교

　　㉠ 삼국의 왕들은 자신의 권위를 세우고 백성들의 마음을 하나로 모으기 위해 불교를 받아들였다.

　　㉡ 불교는 백성들이 왕을 부처와 같이 섬기도록 하면서 왕권을 강화시켜 주었다.

　　㉢ 삼국의 불교는 왕실의 보호를 받으며 백성들에게 널리 퍼졌다.

　　㉣ 삼국은 불교의 힘을 빌려 나라를 지키고자 하였다.

　　㉤ 고구려 : 삼국 중 가장 먼저 불교를 받아들였다.

　　㉥ 백제 : 곳곳에 절을 짓는 등 적극적으로 불교를 전파하였다.

　　㉦ 신라 : 법흥왕 때 이차돈의 순교로 불교를 나라의 종교로 받아들였다.

용어설명 신라에도 고구려를 통해 불교가 바로 전해졌으나 전통 신앙을 믿으며 권력을 누리던 귀족들이 불교에 반발하였기 때문에 바로 인정받지 못하였다.

(3) 신라의 통일 과정과 발해의 성립

① 수나라와 당나라를 물리친 고구려

구분	살수 대첩	안시성 싸움
발생	중국을 통일한 수나라가 고구려를 침략	수십만의 당나라 군대가 고구려를 침략
결과	고구려의 장군 을지문덕은 적들을 살수(청천강)로 유인하는 작전을 펴 대승을 거두었다.	고구려의 성주와 백성들이 힘을 모아 당나라 군대를 몰아냈다.
영향	수나라가 멸망하고 당나라가 세워졌다.	연이은 전쟁으로 국력이 약해진 고구려는 삼국 간의 경쟁에서 어려움을 겪음

② 신라의 삼국 통일

㉠ 삼국 통일의 과정

신라와 당나라의 연합(648년)	고구려와 백제에 위협을 느낀 신라가 당나라를 끌어들였다.

↓

백제 멸망(660년)	당나라와 연합한 신라가 백제 공격 → 백제의 계백 장군이 황산벌 전투에서 신라의 김유신에게 패하였다. → 신라와 당나라의 연합군에 의해 사비성이 함락되면서 백제 멸망

↓

고구려 멸망 (668년)	연개소문이 죽고 자식들 간의 권력 다툼으로 고구려 국력 쇠퇴 → 신라와 당나라 연합군에게 평양성이 함락되면서 고구려 멸망

↓

신라와 당나라의 전쟁(675년)	백제와 고구려가 멸망하고 당나라가 신라를 지배하려 하자 신라의 문무왕은 당나라와 전쟁을 벌였다.

↓

삼국 통일(676년)	김유신 등의 활약으로 신라는 당나라 세력을 몰아내고 삼국 통일

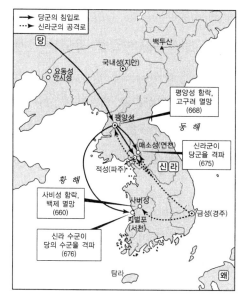

[삼국 통일 과정]

바로 확인 ▶▶

삼국을 통일하고 불국사, 석굴암과 같은 문화재를 만든 나라는?

① 고구려　　　② 백제

③ 고려　　　❹ 신라

ⓛ 삼국 통일의 의의와 한계

　ⓐ 의의 : 고구려, 백제, 신라의 사람들을 하나로 모아 민족 문화의 발전을 위한 토대를 마련하였다.

　ⓑ 한계

　　• 신라의 삼국 통일은 당의 힘을 빌려 이루었다.

　　• 고구려 북쪽 영토를 잃어 한반도 전체의 통일을 이루지 못했다.

삼국 통일의 기반을 다진 김유신과 김춘추

• 김유신 : 금관가야의 후손으로 신라 귀족 사회에서 인정받지 못하였지만 삼국 통일의 기반을 다지는 데 공헌하였다.

• 김춘추(문무왕) : 진골 출신 최초의 신라 왕으로 삼국 통일의 대업을 이루었다.

③ 발해의 건국과 발전 중요⁺

    ㉠ 건국(698년) : 대조영이 고구려 유민과 말갈족을 이끌고 동모산 근처에서 건국

    ㉡ 발전

        ⓐ 무왕 : 발해가 고구려를 계승한 나라임을 주변국에 알리면서 고구려의 옛 영토를 회복하여 옛 고구려의 땅보다 더 넓은 영토를 차지하였다.

        ⓑ 9세기 : 동쪽의 융성한 나라라는 뜻의 '해동성국'이라는 말을 들을 정도로 강력한 국가로 성장하였다.

    ㉢ 외교 관계

        ⓐ 건국 초기 적대적인 관계였던 당나라와 교류하면서 당나라의 문물을 받아들였다.

        ⓑ 교통로를 통해 신라와 사신을 주고받았다.

    ㉣ 멸망 : 거란의 침입으로 멸망하였다.

    ㉤ 발해의 문화

        ⓐ 고구려 문화를 바탕으로 다른 나라의 문화를 받아들여 독특한 문화를 만들었다. 예 발해 돌사자상, 발해 치미, 정효 공주 묘 내부의 벽화

        ⓑ 불교를 믿는 사람들이 많았다. 예 발해의 불상과 석등, 연꽃무늬 와당 등

[통일 신라와 발해]

(4) 삼국과 가야의 문화

고구려	• 험한 자연환경을 극복하며 강인하고 힘찬 문화를 발전시켰다. • 장군총, 수렵도 → 씩씩하고 굳센 기상
백제	• 중국의 선진 문물을 받아들이면서 예술적 솜씨가 돋보이는 문화를 남겼다. • 무령왕릉, 서산 용현리 마애여래 삼존상, 백제 금동 대향로
신라	• 고구려와 백제 문화의 영향을 받으면서 자신만의 문화를 만들어 냈다. • 천마도, 금관 • 첨성대 : 천문 과학 기술이 발전했음을 보여 준다. → 신라 선덕 여왕 때 세워진 동양에서 가장 오래된 천문대
가야	• 철기 문화 발달 **예** 철제 칼과 창, 철제 갑옷 등 • 가야 토기, 가야금

[첨성대]

(5) 불국사와 석굴암

① 불국사

  ㉠ '부처님의 나라'라는 뜻을 가지고 있으며, 신라 최고의 건축물이다.

  ㉡ 경내에는 다보탑과 석가탑(불국사 삼층 석탑), 청운교와 백운교 등 우수한 불교문화 유산들이 한가득이다.

  ㉢ 무구 정광 대다라니경 : 다라니경문을 두루마리 형식으로 적어 놓은 것으로, 751년 경에 만들어진 현존하는 세계에서 가장 오래된 목판 인쇄물이다.

② 석굴암

  ㉠ 석굴 모양의 사찰로, 정교함과 뛰어난 예술성을 엿볼 수 있다.

  ㉡ 석굴암 안에는 본존불과 여러 신과 불교에 관련된 인물들이 조각되어 있다.

  ㉢ 직사각형의 전실과 원형의 주실이 복도 역할을 하는 통로로 연결되어 있으며, 360여 개의 넓적한 돌을 다듬고 아치형 구조로 짜맞추어 주실의 천장을 만들었다.

③ 불국사와 석굴암의 공통점

  ㉠ 유네스코 세계 문화유산으로 지정되어 있을 만큼 뛰어난 우리나라의 대표 문

화재이다.

    ⓒ 신라 경덕왕 때 김대성이 현재의 부모를 위해서 불국사를 지었고, 전생의 부모를 위해서는 석굴암을 지었다는 이야기가 내려오고 있다.

2 독창적 문화를 발전시킨 고려

(1) 고려의 건국과 후삼국 통일

① 통일 신라 말기의 상황

    ㉠ 귀족 간의 왕위 다툼으로 왕이 자주 바뀌는 등 혼란이 계속되면서 왕실은 지방을 다스릴 수 있는 힘을 잃었다.

    ㉡ 흉년과 전염병으로 살기 어려워진 백성들은 고향을 버리고 떠돌거나 도적이 되었다.

    ㉢ 호족의 등장

        ⓐ 각 지방에서는 경제력이나 군사력에 바탕을 둔 호족이 등장하였다.

        ⓑ 신라로부터 독립한 각 지방의 호족들은 강한 군사력을 가지게 되었다.

        ⓒ 군사력에 힘입어 새로운 나라를 세우는 사람들도 생겨났다.

용어 설명 견훤은 후백제를, 궁예는 후고구려를 세웠다.

② **후삼국의 성립** : 후백제, 후고구려와 신라가 서로 경쟁하면서 후삼국 시대가 시작되었다.

구분	후백제	후고구려
건국자	견훤	궁예
도읍지	완산주(전주)	송악(개성)

[후삼국 시대의 영토]

③ 궁예의 몰락

| 나라 이름을 태봉으로 바꾸고 철원으로 도읍을 옮겼다. | ➡ | 스스로를 미륵불이라 부르면서 난폭하게 나라를 다스려 백성들과 호족의 원망을 샀다. | ➡ | 왕건이 호족과 백성의 지지를 얻어 궁예를 몰아내고 왕이 되었다. |

④ 고려의 후삼국 통일 과정

고려의 건국	왕건은 나라 이름을 고려라 하고 도읍을 철원에서 송악으로 옮겼다.
신라의 멸망	후백제의 공격으로 국력이 약해지자 신라왕은 나라를 고려에 넘겨주었다.
견훤의 귀순	후백제에서 왕위를 둘러싸고 내분이 일어나 견훤의 큰아들 신검이 아버지의 왕위를 빼앗았고, 견훤은 후백제를 탈출하여 고려로 갔다.
후삼국 통일	왕건은 견훤과 함께 후백제를 무너뜨리고 후삼국을 통일하였다.

⑤ 고려의 후삼국 통일의 의의

ㄱ 권력을 독차지한 중앙 귀족 때문에 자신의 주장을 내세울 수 없었던 지방 세력이 중앙 귀족을 몰아내고 고려를 건국하는 데 큰 힘을 보탰다.

ㄴ 고려는 후백제와 신라 세력, 발해인까지 받아들여 실질적인 민족 통일을 이루었다.

ㄷ 고려는 삼국의 다양한 문화를 토대로 새로운 문화를 만들어 냈다.

(2) 왕건의 정책

① 불교를 장려하고, 민생을 안정시키기 위해 세금을 줄였다.

② 왕권 안정을 위한 정책 : 호족을 자기편으로 끌어들여 왕권을 안정시키려 하였다.

③ 민족 통합 정책 : 후삼국 출신 사람, 발해 유민까지 받아들여 민족 통합을 이루고자 하였다.

④ 북진 정책 : 고구려를 계승한다는 의미로 나라 이름을 '고려'라 하고 고구려의 수도였던 서경(평양)을 중요하게 생각하였다.

⑤ 개방적 문화 정책 : 외국의 문물을 받아들이되 고려의 풍속에 맞게 하였다.

(3) 거란의 침입 중요⁺

① 거란의 1차 침입

㉠ 거란이 고려의 북쪽 땅이 자신들의 땅이라는 핑계로 침입해 왔다.

㉡ 거란이 청천강까지 공격해 오자 서희가 거란 장수와 담판을 벌였다.

㉢ 거란은 고려가 송나라와의 관계를 끊고 거란과 교류할 것을 약속 받은 후에 물러났다.

㉣ 서희의 외교 담판(993년) : 서희의 담판으로 고려는 여진족을 몰아내고 강동 6주에 성을 쌓아 영토를 압록강까지 넓혔다.

용어 설명 서희의 주장 : 고려는 고구려를 계승한 나라이므로, 고구려 땅에 살고 있는 거란이 도리어 땅을 내놓아야 한다.

② 거란의 2차 침입

㉠ 고려가 송과의 관계를 끊지 않자 거란은 다시 쳐들어왔다.

㉡ 양규가 이끌던 고려군이 일곱 차례에 걸친 전투 끝에 승리하였다.

③ 거란의 3차 침입

㉠ 고려가 강동 6주의 반환을 거부하자 거란이 세 번째로 쳐들어왔다.

㉡ 강감찬의 귀주 대첩(1019년) : 강감찬이 압록강 근처의 귀주에서 기다리고 있다가 후퇴하는 거란군을 크게 무찔렀다.

> **바로로 확인 ▶▶**
>
> 고려 때 거란의 10만 대군을 귀주에서 크게 무찌른 장군은?
>
> ① 서희　　　　② 윤관
> ③ 최승로　　　❹ 강감찬

(4) 몽골의 침입과 삼별초 항쟁

① 상황 : 고려에 무신 정권이 들어서고 지배층이 권력 다툼을 벌이는 사이에 몽골이 세운 원나라가 세계적인 대제국으로 성장하여 고려를 위협하고 있었다.

② 몽골의 침략

1차 침략	고려의 군대와 백성들이 충주성에서 몽골군의 공격을 막아 내자 몽골군은 고려와 타협하고 물러갔다.
2차 침략	몽골은 처인성에서 대패하였다.
3차 침략	죽주성에서 패하였다.

③ 삼별초 항쟁

 ㉠ 도읍을 개경으로 옮기고 화친을 맺으면 전쟁을 끝내겠다는 몽골의 강요에 따라 고려 왕실은 개경으로 돌아왔다.

 ㉡ 강화도에서 삼별초를 이끌던 배중손 등은 해산을 거부하고 몽골에 맞서 싸울 것을 주장하였다.

 ㉢ 삼별초는 강화도 → 진도 → 제주도로 근거지를 옮겨 몽골과 싸웠지만 고려와 몽골의 연합군에 의해 진압되었다.

④ 결과 : 고려는 원나라의 간섭을 받게 되었다.

(5) 고려의 기술과 문화

① 고려청자

 ㉠ 조상들의 토기 기술을 바탕으로 송나라의 기술을 받아들여 더욱 발전시킨 도자기 공예 기술로 만들어진 고려청자는 다른 나라에서도 그 가치를 인정받았다.

 ㉡ 상감 청자는 다른 나라에서는 찾아볼 수 없는 기술로 만들어져 세계 제일의 공예품으로 여겨졌다.

[상감 청자]

 ㉢ 다양한 생활용품으로 만들어져 주로 귀족들이 사용하였다.

  🈯 음식을 보관하는 항아리, 주전자, 찻잔, 접시, 베개, 기와, 의자, 향로, 벼루, 연적 등

② 금속 활자

 ㉠ 고려는 금속 활자를 만들어 책을 인쇄할 만큼 과학 기술의 수준이 높았다. 금속 활자 인쇄술 발명 이전에는 목판에 글자를 모두 새겨 한 판으로 찍어 냈다.

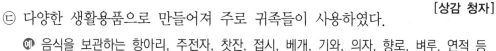

바로로 **확인** ▶▶

다음은 어느 나라의 문화유산인가?

· 상감 청자	· 직지심체요절
· 팔만대장경판	

① 고조선 ② 발해
❸ 고려 ④ 조선

 ㉡ 고려는 서양보다 약 150년 앞서 금속 활자로 책을 인쇄하였다고 기록되어 있으나 그때 만들어진 작품은 전해지지 않는다.

ⓒ 직지심체요절 중요⁺

ⓐ 현재 남아 있는 인쇄된 책 중에서 세계에서 가장 오래된 금속 활자본

ⓑ 독일의 구텐베르크가 발명한 활자보다 78년이나 앞선다.

[직지심체요절]

ⓒ 세계 기록 유산으로 지정되어 있으며 현재 프랑스 국립 도서관에 보관되어 있다.

③ 팔만대장경 중요⁺

㉠ 몽골의 침입 때 위태로운 나라를 구할 수 있다는 믿음으로 부처님의 말씀을 새긴 팔만대장경을 만들었다.

㉡ 팔만대장경판의 우수성

[팔만대장경판 보관 모습]

ⓐ 십여 년간 목판 8만여 장에 불경을 새긴 것임에도, 모양이 뒤틀리거나 틀린 글자 없이 고르고 정교하여 고려의 발달된 기술을 보여 준다.

ⓑ 현재 유네스코 세계 기록 유산으로 등재되어 있으며, 이를 보관하는 장경판전도 유네스코 세계 기록 유산으로 등재되어 있다.

3 민족 문화를 지켜 나간 조선

(1) 조선의 건국과 한양

① 고려 말의 상황

㉠ 중국 : 원나라가 멸망하고 명나라가 들어섰다.

㉡ 고려

ⓐ 원나라를 따르는 사람들과 명나라를 따르는 사람들 사이의 대립이 이어졌다.

ⓑ 홍건적과 왜구의 침입으로 나라가 혼란스러웠다.

② 위화도 회군

㉠ 최영 장군을 중심으로 하는 세력이 명나라를 공격하기 위해서 요동으로 군대를 파견하였다.

㉡ 명나라 공격을 반대한 이성계는 위화도에서 군사를 돌려 개경을 점령하였다.

③ 조선의 건국 **중요⁺**

　　㉠ 고려 왕조가 막을 내리고 이성계가
　　　　왕의 자리에 올랐다.

　　㉡ 고조선을 계승한다는 의미에서 나라
　　　　이름을 '조선'이라고 하였다.

　　㉢ 도읍을 한양(서울)으로 옮겼다.

바로바로 확인 ▶▶

다음 설명과 관계가 있는 사람은 누구인가?

- 조선을 건국함
- 홍건족과 왜구를 물리침
- 유교 숭상 정책을 펼침

① 왕건　　　　❷ 이성계
③ 대조영　　　④ 궁예

더 알아두기 • • •

한양이 조선의 도읍지가 될 수 있었던 까닭

- 나라의 중심에 위치한다.
- 육로 및 수로 교통이 편리하다.
- 여러 산으로 둘러싸여 있어 외적의 침입을 방어하기에 유리하다.
- 주변에 넓은 평야가 있다.
- 한강이 있어 물을 구하기가 쉽다.

④ 조선의 유교 정치 이념

유교 정치 이념을 내세우며 세운 나라로서 백성을 나라의 근본으로 삼고, 왕과 관
리들은 백성을 위한 정치를 하려고 노력했다.

⑤ 유교의 정신을 담아 경복궁, 종묘, 사직단을 지었다.

용어 설명 경복궁 : 조선을 대표하는 궁궐로 유교 정신에 따라 건물의 위치가 정해지고 구조, 이름 등이
만들어졌다.

더 알아두기 • • •

조선 왕조의 기틀을 다진 태종 이방원

- 태조 이성계의 아들로 조선 왕조의 세 번째 왕
- 국가의 기틀을 잘 세워야 왕권이 안정된다고 생각하였다.
- 행정 실무 기관(6조)을 만들어 중앙 정치 조직을 정비하였다.
　- 이조 : 공무원 인사 평가　　　　　- 호조 : 세금 업무
　- 예조 : 교육, 과거 시험, 외교　　　- 병조 : 국방, 통신
　- 형조 : 형벌, 재판　　　　　　　　- 공조 : 산림, 건설, 수공업
- 전국을 8개의 도로 나누어 각 도에 관리를 파견하였다.

(2) 세종 대에 이루어진 발전 _{중요}

조선은 세종 때 문화와 과학 기술이 크게 발전하였다.

[세종 대왕]

① **백성을 위하는 정치** : 세종 대왕은 모든 일의 중심에 백성을 두고 백성 모두가 잘살고, 백성이 사람의 도리를 알고 실천하는 나라를 만들기 위해 노력하였다.

② **≪삼강행실도≫ 편찬** : 조선의 건국 이념인 유교의 윤리를 백성이 잘 실천하도록 하기 위해 편찬

③ **집현전 설치** : 우수한 인재를 등용하여 학문 연구, 각종 제도의 개선, 도서 편찬 사업, 역사 기록 등을 맡겼다.

④ **훈민정음 창제**

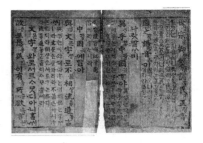
[훈민정음]

   ㉠ 훈민정음이 만들어지기 전의 상황 : 우리글이 없어서 중국의 한자를 사용하였기 때문에 일반 백성이 사용하기에 어려움이 많았다.

   ㉡ 훈민정음은 '백성을 가르치는 바른 소리'라는 뜻으로 유네스코 세계 기록 유산으로 지정되었다.

   ㉢ 세종 대왕의 한글 창제로 백성도 글을 쓸 수 있게 되었다.

⑤ **≪농사직설≫ 편찬** : 세종 대왕은 농업 생산을 늘리기 위해 우리나라의 토지와 기후에 맞는 새로운 농사법을 담은 농사직설을 편찬하여 보급하였다.

> **용어설명** 농사직설 : 각 지역에서 농사를 짓는 농부들의 경험을 모아 정리하여 만든 농사 책

⑥ **과학 기술** : 앙부일구(해시계), 자격루(물시계), 혼천의(천체 관측 기구) 등의 과학 기구를 만들게 하였다.

   ㉠ 앙부일구

      ⓐ 세종 대왕 때 만든 것으로, 24절기의 변화도 알 수 있다.

> **바로로 확인 ▶▶**
>
> **다음에서 설명하는 것은?**
>
>
> • 가마솥이 하늘을 우러르고 있는 모양의 해시계이다.
> • 서울의 혜정교와 종묘 앞에 설치한 우리나라 최초의 공공 시계이다.
>
> ① 자격루　　② 혼천의
> ❸ 앙부일구　　④ 훈민정음

ⓑ 북극을 향해 비스듬하게 세워 놓은 시침의 그림자가 닿은 선을 보고 시각을 읽는다.

ⓒ 오목한 해시계 안쪽에 그려진 가로선과 세로선은 각각 절기와 시간을 나타낸다.

ⓛ 자격루

ⓐ 세종 대왕 때 장영실, 이천, 김조 등이 만든 물시계

ⓑ 경점지기와는 달리 자동으로 시각을 알려 주는 자동시계

[자격루]

ⓒ 혼천의

ⓐ 장영실이 이천 등과 함께 간의와 혼천의를 발명하였다.

ⓑ 혼천의는 천체의 운행과 그 위치를 측정하던 기구이고, 간의는 혼천의를 간단히 만든 것이다.

⑦ 천문 서적 편찬 : 중국의 역법을 참고하여 ≪칠정산≫을 편찬하였다.

[혼천의]

⑧ 인쇄 기술의 발전 : 갑인자를 비롯한 다양한 금속 활자가 만들어졌다.

용어설명 갑인자는 활자의 모양이 네모나고 조판의 조립 형태가 정교하였으며 한 번에 많은 양을 찍어낼 수 있었다.

⑨ 국방 강화

㉠ 4군 6진 개척 : 북쪽의 여진족이 국경을 넘어오자 4군 6진을 개척하여 조선의 국경을 압록강과 두만강까지 확대하였다.

㉡ 쓰시마섬을 정벌 : 남쪽의 왜구를 물리치기 위해 정벌하였으며, 왜구들에게 큰 타격을 준 일이었다.

(3) 유교 질서를 바탕으로 한 조선

① 영향

㉠ 왕은 나라의 근본이 백성에게 있다는 유교의 가르침에 따라 백성을 위한 정치를 했다.

㉡ 백성들은 나라에 충성, 부모와 어른을 공경했다.

㉢ 백성들은 남자와 여자, 아이와 어른 사이의 예절을 지켰다.

② 신분제도

㉠ 신분은 부모로부터 물려받아 태어나면서부터 정해져 있었다.

㉡ 크게 '양인'과 '천인'으로 나뉘었고, '양인'은 다시 양반, 중인, 상민으로 나뉘었다.

㉢ 같은 신분끼리 마을을 이루고 살았고, 신분에 따라 사람들의 생활 모습도 달랐다.

㉣ 유교적 질서에 따라 주어진 신분에 맞게 생활하였다.

양반	• 남자는 어릴 때부터 글공부를 하고 과거를 통해 관리가 되어 나라를 다스리는 데 참여하였다. • 여자는 글공부는 하였으나 관리가 될 수 없었고 주로 집안 살림을 챙기고 자녀들을 교육하였다. • 자신의 땅과 노비를 소유하였다.
중인	양반을 도와 관청에서 일하는 사람, 의학이나 법률 등 전문직에 종사하는 사람, 외국과 교류할 때 외국 사람과의 통역을 맡은 역관 등
상민	• 농업, 어업, 수공업, 상업 등에 종사하였다. • 군대에 가서 나라를 지키고 세금을 냈다. • 상민의 대부분은 농민으로, 주로 초가집에 살았다. • 농사지은 곡식의 일부를 세금으로 내거나 땅 주인에게 바쳤다. • 여자들은 집안일을 하거나 옷감을 짰다. • 상민도 과거를 보고 벼슬에 오를 수 있었지만 교육을 받을 기회가 적었기 때문에 관리가 되기 힘들었다.
천민	• 노비, 천하다고 생각되던 일에 종사하는 사람들 • 노비는 나라와 양반의 재산으로 여겨져 주인을 위해 일하였다. • 노비 이외의 천민들은 따로 마을을 이루고 사는 경우가 많았다. • 양반의 집이나 관공서에서 허드렛일이나 물건 만들기를 하거나 따로 살면서 주인집에 신공을 바치기도 하였다.

용어 설명 신공 : 노비가 몸으로 일하는 대신 내는 돈이나 물건

③ 조선전기 남자와 여자의 생활모습

㉠ 아들과 딸에게 재산을 고르게 물려주었다.

㉡ 여성은 결혼한 후 한동안 남편과 함께 친정에서 살았다.

㉢ 여성은 보통 옷감을 만들거나 집안일을 했다.

㉣ 양반 여성의 경우 밭을 사고팔거나 여러 가지 경제활동을 한 기록이 있다.

(4) 임진왜란 중요⁺

① **임진왜란의 발생** : 1592년 4월, 일본군은 명나라로 가는 길을 내어 달라는 구실로 약 20만 명의 군사를 이끌고 조선을 침략하였다.

용어설명▶ 임진왜란 : 1592년부터 1598년까지 두 차례에 걸쳐 일어난 일본과의 전쟁

② **임진왜란의 전개 과정**

　㉠ 1592년 신식 무기인 조총으로 무장한 일본군이 부산을 공격하였다.

　㉡ 부산진성과 동래성을 함락하고 충주를 거쳐 단숨에 한양 부근까지 쳐들어왔다.

　㉢ 부산에 침입한 지 18일 만에 한양을 점령하고 평양을 거쳐 함경도까지 침략하였다.

　㉣ 선조와 신하들은 궁궐을 버리고 북쪽으로 피란을 떠났다.

　㉤ 조선은 명나라에 군대를 보내 줄 것을 요청하였다.

③ **이순신과 조선 수군의 활약** 중요⁺

　㉠ 조선 수군은 일본군의 침입에 맞서 싸워 곳곳에서 큰 승리를 거두었다.

　㉡ 이순신 장군은 뛰어난 전술과 거북선, 화포 등의 무기로 옥포, 합포, 당포 등에서 벌어진 전투를 승리로 이끌면서 조선군에 용기와 희망을 주고 전세를 역전시켰다.

> **바로로 확인▶▶**
>
> **다음에서 설명하는 인물은?**
>
> • 임진왜란 때 활약한 장군이다.
> • 옥포 해전, 한산도 대첩, 명량 대첩 등 일본 수군과의 해상 전투에서 크게 승리하였다.
>
> ① 계백　　　　　② 강감찬
> ❸ 이순신　　　　④ 장보고

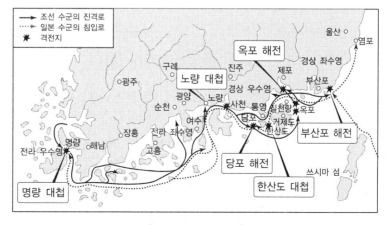

[임진왜란 해전도]

④ 의병의 활약

    ㉠ 나라를 구하고자 하는 마음으로 곽재우를 비롯한 의병이 곳곳에서 자발적으로 일어나 일본군과 싸웠다.

    ㉡ 의병은 관군과 협력하여 진주성과 행주산성에서 큰 승리를 이끌어 냈다.

⑤ 임진왜란의 결과

    ㉠ 중요한 문화재가 파괴되었다.

    ㉡ 많은 조선 사람이 죽거나 일본으로 끌려갔다.

    ㉢ 일본은 조선의 문화재, 도자기 기술자와 활자 인쇄공까지 잡아가 일본의 문화를 발전시킬 수 있는 기반을 마련하였다.

    ㉣ 조선은 일본에 정기적으로 통신사를 파견하여 조선의 학문, 기술, 문화를 전해 주었다.

(5) 병자호란

① 병자호란이 일어날 무렵 상황 : 전쟁으로 명나라의 국력이 급격하게 약해진 틈을 타 여진족이 후금을 세우고 명나라에 전쟁을 선포하자 명나라가 조선에 지원군을 요청하였다.

더 알아두기

임진왜란의 3대 대첩

행주 대첩	행주산성에서 권율 장군의 지휘로 관군, 의병, 승병, 부녀자까지 힘을 모아 싸워서 왜군을 크게 무찔렀다.
한산도 대첩	이순신 장군이 학익진이라는 작전으로 왜선 60여 척을 격침시켜 일본이 바다에서 전투력을 잃게 만든 결정적인 싸움이다.
진주 대첩	왜군 2만 명의 공격을 4천 명이 막아 낸 전투로 김시민 장군의 치밀한 준비로 이길 수 있었다.

② 광해군의 중립 외교

　　㉠ 조선은 강홍립 장군과 군사 1만 명을 명나라에 보냈고, 적당한 때에 후금에 항복하라는 광해군의 명령에 따른 덕분에 조선은 전쟁에 휘말리지 않았다.

　　㉡ 중립 외교의 결과 : 중립 외교 정책을 반대하던 신하들이 광해군을 쫓아내고 인조를 왕으로 세웠다(인조반정). → 인조는 명나라를 받들고 후금을 멀리하였다.

③ 정묘호란 : 명과 전쟁 중이던 후금은 명을 돕는 조선을 굴복시키고자 조선에 쳐들어왔다. 조선은 전쟁에 패했고, 조선과 후금이 형제 관계를 맺는다는 조건으로 전쟁을 끝냈다.

④ 병자호란

　　㉠ 발생 : 조선이 명나라와의 관계를 유지하면서 후금과 가까이 지내지 않자 후금은 세력을 더욱 키워 나라 이름을 '청'으로 고치고 정묘호란 때 맺은 '형제관계'를 '군신관계'로 바꾸자고 하였다. 조선이 청의 요구를 거절하자 청은 조선을 다시 침입했다.

　　㉡ 병자호란의 전개 과정

　　　　ⓐ 조선을 침략한 청나라는 곧 한양을 점령하였다.

　　　　ⓑ 한양이 함락되자 인조는 남한산성으로 피신하였고, 45일 동안 싸움을 계속하다 청에 항복하였다.

　　㉢ 병자호란의 결과 : 청나라와 신하와 임금의 관계를 맺고 소현 세자와 봉림 대군을 비롯한 많은 사람을 청나라에 인질로 보냈다.

⑤ 북벌론과 북학론

북벌론	명나라와의 의리를 지키고 병자호란의 치욕을 갚기 위하여 청나라와 전쟁을 준비해야 한다.
북학론	청나라를 오랑캐라 업신여기며 전쟁을 준비하기보다는 나라의 실력을 기르는 것이 우선이다.

⑥ 봉림 대군(효종)의 북벌 정책 : 성과 무기를 새롭게 정비하고 군사력을 키우는 등 전쟁 준비를 하였지만 실천으로 옮기지 못했다.

02 옛사람들의 삶과 문화

01 고조선은 단군왕검이 세운 청동기 문화를 바탕으로 발전한 우리나라 최초의 국가이다.

02 백제는 삼국 중 가장 먼저 전성기를 맞이한 나라로 온조가 한강 지역에 세운 나라이다.

03 광개토 대왕릉비는 장수왕이 세운 비로, 광개토 대왕의 업적에 대한 내용이 기록되어 있다.

04 발해는 대조영이 고구려 유민과 말갈족을 이끌고 동모산 근처에서 건국한 나라이다.

05 '부처님의 나라'라는 뜻을 가지고 있으며, 신라 최고의 건축물은 불국사이다.

06 무구 정광 대다라니경은 두루마리 한지에 찍어 낸 불경으로, 현존하는 세계에서 가장 오래된 목판 인쇄물이다.

07 고려 때 거란의 10만 대군을 귀주에서 크게 무찌른 장군은 강감찬이다.

08 고려의 도자기 공예 기술로 만들어진 고려청자는 다양한 생활용품으로 만들어져 주로 귀족들에 의해 사용되었다.

09 직지심체요절은 현재 남아 있는 인쇄된 책 중에서 세계에서 가장 오래된 금속 활자본이다.

10 몽골의 침입 때 위태로운 나라를 구할 수 있다는 믿음으로 부처님의 말씀을 새긴 팔만대장경을 만들었다.

11 이성계는 조선을 건국하고 홍건족과 왜구를 물리쳤으며 유교 숭상 정책을 펼쳤다.

12 훈민정음은 '백성을 가르치는 바른 소리'라는 뜻으로 유네스코 세계 기록 유산으로 지정되었다.

13 가마솥이 하늘을 우러르고 있는 모양의 해시계는 앙부일구이다.

14 이순신은 임진왜란 때 활약한 장군으로 옥포 해전, 한산도 대첩, 명량 대첩 등 일본 수군과의 해상 전투에서 크게 승리하였다.

15 효종은 성과 무기를 새롭게 정비하고 군사력을 키우는 등 북벌 정책을 준비했지만 실천으로 옮기지 못했다.

01 고조선을 세운 사람은 누구인가?

① 단군왕검   ② 강감찬

③ 근초고왕   ④ 진흥왕

02 기출 다음은 어느 나라에 대한 설명인가?

- 한강 유역에서 나라가 발달하였다.
- 근초고왕 때 세력을 크게 떨쳤다.
- 웅진(공주)과 사비(부여)가 도읍지였다.

① 백제   ② 발해

③ 고구려   ④ 신라

03 고조선 사회에 대한 설명으로 알맞지 <u>않은</u> 것은?

① 사회 질서가 매우 엄격하였다.

② 농사를 짓는 사회였다.

③ 개인의 재산을 인정하였다.

④ 신분의 차이가 없는 사회였다.

04 삼국 통일을 이룩한 신라의 왕은?

① 선덕여왕   ② 법흥왕

③ 문무왕   ④ 진흥왕

01
우리나라 최초의 국가인 고조선을 세운 사람은 단군왕검이다.

02
백제
- 성장과 발전 요인 : 한강 유역의 넓은 평야를 차지하고 있어 농사짓기에 좋았고, 황해를 통해 중국의 발전된 문물을 쉽게 받아들일 수 있었다.
- 전성기 : 4세기 근초고왕

03
노비가 있었던 것으로 보아 신분의 차이가 있는 사회였다.

04
문무왕은 한반도에서 당나라 군사를 몰아내기 위하여 당나라와 전쟁을 벌였다. 김유신 등의 활약으로 신라는 당나라의 세력을 몰아내고 삼국 통일을 완성하였다.

ANSWER
01. ①   02. ①   03. ④   04. ③

05 다음은 어느 나라에 대한 설명인가?

> • 광개토 대왕이 만주로 영토를 크게 넓혔다.
> • 압록강 중류 지역을 중심으로 일어난 나라이다.

① 고구려　　　② 백제
③ 신라　　　　④ 가야

06 삼국이 국민의 마음을 통합하고, 왕실의 권위를 높이기 위하여 받아들인 종교는?

① 천도교　　　② 천주교
③ 불교　　　　④ 유교

07 고구려를 계승한 발해에 대한 설명으로 바르지 <u>않은</u> 것은?

① 발해와 당나라는 처음부터 사이가 좋았다.
② 발해를 건국한 사람은 옛 고구려 장수 대조영이다.
③ 발해는 고구려의 기상과 문화를 이어 갔다.
④ 발해는 문화가 크게 발달해서 해동성국으로 불렸다.

08 신라에 대한 설명으로 알맞지 <u>않은</u> 것은?

① 대가야를 정복하였다.
② 삼국 중 가장 먼저 전성기를 맞이한 나라이다.
③ 법흥왕 때 불교를 공인하였다.
④ 삼국을 통일하였다.

ANSWER
05. ① 06. ③ 07. ① 08. ②

09 다음에서 설명하는 고려의 문화유산은?
기출

> • 1377년 청주 흥덕사에서 인쇄된 책이다.
> • 현존하는 금속 활자 인쇄본 중 가장 오래된 것이다.
> • 불교의 가르침 중 깨달음에 관한 내용을 정리한 것이다.

① 고려청자　　　　② 장경판전
③ 팔만대장경　　　④ 직지심체요절

09
직지심체요절
• 현재 남아 있는 인쇄된 책 중에서 세계에서 가장 오래된 금속 활자본이다.
• 독일의 구텐베르크가 발명한 활자보다 78년이나 앞선다.
• 세계 기록 유산으로 지정되어 있으며 현재 프랑스 국립 도서관에 보관되어 있다.

10 몽골의 1차 침입을 막아낸 고려가 몽골과 계속 싸우기 위해 옮겨 간 도읍지는?

① 진도　　　　　② 홍도
③ 강화도　　　　④ 제주도

10
고려는 도읍을 강화도로 옮기고 몽골군과 싸우기 위한 준비를 하였다.

11 발해와 고려의 공통점이라고 볼 수 있는 것은?

① 고려와 발해는 과거제를 실시하였다.
② 고구려의 전통을 이어받으려고 하였다.
③ 두 나라 다 만주 지역을 점령하였다.
④ 유교를 왕실에서 후원하였다.

11
고구려의 전통은 발해와 고려로 이어져 내려왔다.

12 다음 중 몽골의 침략을 막으려는 소망으로 만든 고려 시대의 문화재는?

① 훈민정음　　　　② 고려청자
③ 백자　　　　　　④ 팔만대장경

12
몽골의 침입 때 위태로운 나라를 구할 수 있다는 믿음으로 부처님의 말씀을 새긴 팔만대장경을 만들었다.

A N S W E R
09. ④　**10.** ③　**11.** ②　**12.** ④

13 다음 중 고려를 세우고 후삼국을 통일한 사람은?

① 궁예　　　　② 왕건

③ 견훤　　　　④ 이성계

14 임진왜란 때 거북선을 만들어 왜적을 크게 물리친 장군은 누구인가?

① 강감찬　　　② 을지문덕

③ 곽재우　　　④ 이순신

15 다음에서 설명하는 것은?
기출

> • 화강암을 이용해 만들었다.
> • 동굴처럼 만든 곳에 불상이 있다.
> • 경주에 있으며 유네스코 세계 유산이다.

① 석굴암　　　② 자격루

③ 고려청자　　④ 금속 활자

03 사회의 새로운 변화와 오늘날의 우리

1 새로운 사회를 향한 움직임

(1) 영조와 정조의 개혁 정책

① 배경

ㄱ 임진왜란 즈음부터 조선의 지배층은 붕당을 이루어 정치를 이끌어 나갔다.

ㄴ 처음에는 붕당 간에 학문과 정책 경쟁을 활발히 하면서 나라를 운영하는 데 도움을 주었지만 점차 붕당 간에 의견 대립이 치열해지면서 정치가 혼란스러워졌다.

용어설명 붕당 : 학문이나 정치적으로 생각을 같이하는 사람들의 정치 집단

② 개혁 정책 **중요⁺**

ㄱ 영조의 개혁 정책

탕평책 실시	• 어느 한쪽 신하들의 편을 들지 않았고 서로 다른 무리의 신하들이 골고루 벼슬할 수 있도록 하였다. • 신하들이 무리를 나누어 다투지 않기를 바라는 마음으로 탕평비를 세웠다.
학문과 제도 정비	• 많은 책을 편찬하였다. • 이전의 지도를 보완하여 전국의 모습을 살필 수 있는 지도를 만들게 하였다.
백성들을 위한 정치	• 백성들이 겪는 어려움을 덜어 주고자 노력하였다. • 사형수를 처벌하기 전에 세 번 조사하고 노비도 상민이 될 수 있도록 하였다. • 백성들의 세금을 줄여 주었다.

ⓛ 정조의 개혁 정책

능력에 따른 인재 등용	• 임금을 도와 나랏일을 할 인재를 뽑았다. • 서얼도 벼슬을 할 수 있는 기회를 주었다.
규장각 설치	• 왕실 도서관인 규장각을 설치하여 새로운 인재들이 나랏일을 연구하도록 하였다. • 규장각에서 많은 학자들과 나라의 문제에 관해 의견을 나누었다. • 규장각은 정조의 개혁 정책과 조선 후기 문화 발달에 큰 역할을 하였다.
화성 건설	현재의 수원에 계획 도시인 화성을 건설하여 군사와 상업의 중심지로 만들고자 하였다.

바로로 확인 ▶▶

다음에서 설명하는 조선의 왕은?

• 규장각을 설치했다.
• 수원 화성을 건설했다.
• 영조의 탕평책을 이어받아 인재를 고루 뽑았다.

① 태조 ② 세종
❸ 정조 ④ 고종

수원 화성

• 정조가 신하들의 세력에 맞서 왕권을 강화하기 위해 건설하였다.
• 거중기, 녹로 등의 과학 기구를 이용하여 성곽 등을 지었다.
• 1997년 유네스코 세계 문화유산으로 지정되었다.

용어설명▶ 거중기 : 정약용이 서양의 기술과 도르래의 원리를 이용하여 만든 기구

(2) 실학의 등장과 사회 개혁 노력 중요⁺

① 실학의 뜻 : 백성들이 잘살 수 있도록 실생활에 도움이 되는 것을 연구하는 학문이다.

② 실학 등장의 배경

    ㉠ 농업 기술의 발전으로 한 사람이 농사지을 수 있는 면적이 늘어나면서 농민들은 남의 땅을 빌려 농사짓는 일이 어려워졌다.

    ㉡ 지방 관리의 횡포로 농민들의 생활이 더욱 어려워졌다.

    ㉢ 당시의 학문은 실생활과는 거리가 멀어 백성의 어려움을 해결하는 데 도움을 줄 수 없었다.

    ㉣ 서양의 과학 기술이 소개되면서 실용적인 학문 연구의 필요성을 깨달은 학자들이 등장하였다.

> **바로바로 확인 ▶▶**
>
> 조선 시대 실학자들이 주장했던 내용이 **아닌** 것은?
> ① 신분 차별을 없애고 노비를 해방시키자.
> ② 말보다 배를 이용하여 화물을 운반하자.
> ③ 농사를 짓는 사람이 직접 토지를 갖게 하자.
> ❹ 실용 중심 학문보다는 이론 중심 학문을 하자.

③ 실학자들의 주장과 활동

    ㉠ 농업

주장	토지 제도의 개혁 : 농민이 잘살려면 토지 제도를 바꿔 농민들에게 땅을 나누어 주고 과학적인 농사 기술을 널리 보급하여야 한다.
학자	정약용, 유형원, 이익 등

용어 설명 ▶ 유형원은 ≪반계수록≫을 통해 토지 제도의 개혁을 주장하였다.

 알아두기

실학자들의 주장

- 농민들이 잘살 수 있도록 토지 제도를 바로잡고, 과학적인 농사 기술을 보급해야 한다.
- 나라가 발전하려면 상공업을 장려해야 한다.
- 관리들은 백성을 위한 바른 정치를 해야 한다.
- 우리 것에 대한 연구에 힘써야 한다.
- 선진 문물을 받아들여야 한다.

ⓛ 상공업

주장	• 상업과 무역이 활발하게 이루어져야 나라가 부강해질 수 있다. • 청나라의 새로운 문물을 적극적으로 받아들여야 한다.
학자	박지원, 박제가, 홍대용 등

용어설명 박지원은 청나라 여행기인 ≪열하일기≫에서 상업을 권장하고 새로운 문물을 받아들일 것을 주장하였다.

ⓒ 우리 것에 대한 연구

유득공의 ≪발해고≫	발해가 고구려 후손들이 세운 나라임을 밝혔다.
신경준의 ≪산경표≫	산의 계보를 체계적으로 정리하고, 산줄기에 이름을 붙였다.
유희의 ≪언문지≫	한글의 우수성을 강조하였다.
정약전의 ≪자산어보≫	뛰어난 해양 과학 서적으로 평가 받고 있다.

ⓔ 대동여지도

ⓐ 김정호가 1861년에 목판으로 제작한 우리나라 전국 지도(대축척 지도)

ⓑ 실제 생활에 이용할 수 있도록 산과 강, 도로 등을 자세하게 나타내었다.

ⓒ 오늘날의 지도와 비교해도 큰 차이가 없을 만큼 정확하였다.

[대동여지도]

ⓓ 전국의 산줄기와 물길을 자세히 나타내었다.

ⓔ 기호를 사용하여 다양한 정보를 알기 쉽게 표현하였다.

④ **사회 개혁을 위한 농민들의 요구**

㉠ 정조 이후 이어진 세도 정치로 각 지방에는 부정부패를 일삼는 관리들이 늘어나 생활이 점점 더 어려워지자 농민들은 나라의 조세 제도를 고쳐 달라고 요구하며 봉기하였다.

용어설명 세도 정치 : 왕실의 근친이나 신하가 권세를 잡고 온갖 정사를 마음대로 하는 정치

㉡ 홍경래의 난(1811년), 진주 농민 봉기(1862년)

(3) 서민 문화의 발달 중요⁺

① 판소리 : 서민들이 즐긴 문화 중 대표적인 것으로, 광대 한 사람이 고수의 북장단에 맞추어 서사적인 이야기를 소리와 아니리로 엮어 발림을 곁들이며 구연하는 우리 고유의 민속악

② 탈놀이(탈춤) : 탈을 쓰고 하는 놀음놀이로, 지배층인 양반이나 승려들에 대한 풍자, 서민 생활의 실상과 어려움 등을 담고 있다.

③ 서민 문학

사설 시조	• 자유로운 형식으로 서민들의 감정을 솔직하게 드러내는 사설시조가 조선 후기에 등장하였다. • 사설시조는 남녀 간의 사랑이나 현실 사회에 대한 비판 등을 담고 있다.
한글 소설	• 대부분 지은이가 누구인지 모르는 경우가 많다. • 대표적인 한글 소설 : 홍길동전, 춘향전, 심청전, 흥부전, 장화홍련전 등

④ 민화

　㉠ 조선 후기 서민들 사이에서 유행한 실용적인 그림

　㉡ 일상생활 속에서 항상 접하는 해와 달, 나무, 꽃, 동물, 물고기 등을 소재로 하여 행복하게 살고 싶은 서민들의 소망을 표현하였다.

　㉢ 〈작호도〉, 〈화조도〉, 〈백수백복도〉, 〈문자도(효)〉

> **바로로 확인 ▶▶**
>
> 다음 중 ㉠에 공통적으로 들어갈 알맞은 말은?
>
> • 조선 후기에 한글을 익힌 사람들이 늘어나면서 (㉠)이/가 널리 보급되었다.
> • 대표적인 (㉠)로는 『홍길동전』, 『춘향전』, 『심청전』, 『흥부전』, 『장화홍련전』 등이 있다.
>
> ① 탈놀이　　　　② 풍속화
> ③ 강강술래　　　❹ 한글 소설

⑤ 풍속화

　㉠ 서민들의 생활 모습을 그린 그림으로, 서민들의 생활을 재미있고 현실감 있게 표현하였다.

　㉡ 풍속화를 통해 당시 서민들의 일상생활과 사회의 모습을 엿볼 수 있다.

[서당도]

ⓒ 대표 화가

| 김홍도 | 서민들의 모습을 정감 있게 표현하였다. 〈서당도〉 |
| 신윤복 | 주로 양반 사회에 대한 풍자, 여성들의 생활 등을 그렸다. 〈미인도〉 |

⑥ 조선 시대를 대표하는 도자기

| 분청사기 | • 조선 초기에 발달
• 만드는 방법이 다양하고 생산량도 많아 사용하는 사람이 많았다. |
| 백자 | • 조선 시대 전 기간에 걸쳐 꾸준히 제작
• 색과 모양이 간결하고 실용성을 강조하여 서민들도 사용하였다.
• 청화 백자는 흰 바탕에 푸른색으로 나무, 꽃, 새 등이 은은하게 그려져 우리만의 아름다움을 잘 표현하고 있다. |

용어 설명 도자기의 변천사 : 상감 청자(고려 시대) → 분청사기(조선 시대) → 청화 백자(조선 시대)

⑦ **생활용품** : 조상들이 사용한 생활용품을 통해 조상들의 멋과 슬기로움을 엿볼 수 있다.

ㄱ 나전 칠기 : 그릇이나 나무에 옻칠을 한 후 전복, 소라 같은 조개의 껍데기 등으로 장식한 조선 후기의 대표적인 공예품

ㄴ 기타 : 떡살, 조각보 등 다양한 생활 도구가 사용되었다.

(4) 흥선 대원군의 정책과 강화도 조약

① 세도 정치

ㄱ 등장 : 정조 이후 왕들이 어린 나이로 왕위에 오르자 왕의 외척이 나라의 권력을 잡는 세도 정치가 등장했다.

ㄴ 특징

왕의 외척은 높은 벼슬을 차지해 자신의 이익을 위해 나라를 다스렸고, 이 과정에서 뇌물을 준 사람을 벼슬에 임명했다. → 뇌물을 바친 일부 관리는 뇌물에 쓰인 비용을 도로 찾거나, 재산을 늘리고자 세금을 마음대로 거두어 백성을 힘들게 했다.

② 흥선 대원군의 개혁 정책

ㄱ 인재 등용 : 부패한 관리들을 내쫓고 능력 있는 관리를 고루 뽑았다.

ⓒ 서원 철폐 : 나라의 재정을 어렵게 하고 당쟁의 온상이 되었던 서원을 40여 곳만 남기고 대부분 없앴다.

ⓒ 재정 확보 : 평민에게만 내게 하던 세금을 양반에게서도 걷었다.

ⓔ 경복궁 중건 : 강한 왕권을 보여 주기 위해 임진왜란 때 불에 탄 경복궁을 중건하였다.

> **바르로 확인 ▶▶**
>
> 세도 정치로 약해진 조선을 개혁하여 강한 나라로 만들고자 개혁 정치를 펼친 사람은?
>
> ① 김옥균 ❷ 흥선 대원군
> ③ 안중근 ④ 윤봉길

③ **외세의 침입과 조선의 대항**

ⓐ 병인양요(1866년) : 천주교 신자 박해를 이유로 통상을 요구하며 강화도를 침략한 프랑스를 물리친 사건

| 천주교 확대를 막기 위해 프랑스 선교사와 천주교 신자들을 처벌하는 사건 발생 | ➡ | 프랑스가 조선에 책임을 묻는다는 구실로 강화도 침략 | ➡ | 프랑스군은 1개월간 강화도를 점령하고 약탈을 일삼음 | ➡ | 양헌수 장군이 이끄는 조선군에 패하여 쫓겨 감 |

ⓑ 신미양요(1871년) : 미국의 상선이 침몰한 사건을 이유로 강화도를 침략한 미국과 맞서 싸운 사건

| 미국 상선이 통상을 거부하는 사신을 가두고 포를 쏘며 행패를 부림 | ➡ | 분노한 백성들이 미국 상선을 불태워 침몰시킴 | ➡ | 몇 년 뒤 미국이 군함을 보내어 강화도 공격 | ➡ | 어연재 장군을 비롯한 조선군이 미국 군대에 맞서 싸웠으나 많은 피해를 입음 |

흥선 대원군

• 조선 제26대 임금인 고종의 아버지로, 아들인 고종이 어린 나이에 임금이 되자 그를 대신하여 나라를 다스렸다.

• 서양 세력의 위협을 이겨 내고 세도 정치로 인해 약해진 조선을 바로잡으려면 왕권을 강화해야 한다고 생각하여 개혁 정치를 실시하였다.

ⓒ 척화비 건립

  ⓐ 배경 : 두 차례나 서양의 침입을 받고 서양에 대한 경계심이 높아졌다.

  ⓑ 목적 : 흥선 대원군은 한양과 전국 각지에 서양과의 통상을 금지하는 글을 새긴 척화비를 세워 서양의 침략을 일깨우고 서양과 교류하지 않겠다는 생각을 단호히 하였다.

용어설명 ▶ 척화비 : "서양 오랑캐가 침범하였을 때 싸우지 않음은 곧 화해하자는 것이요, 화해를 주장하는 것은 나라를 파는 것이다."라는 글이 새겨져 있다.

④ **운요호 사건과 강화도 조약** 중요⁺

 ⓐ 운요호 사건(1875년) : 일본 군함 운요호가 강화도 초지진에 대포를 쏘아 많은 피해를 입히고 돌아간 사건 ➜ 이 사건을 빌미로 일본은 통상 조약을 맺을 것을 요구하였다.

 ⓑ 강화도 조약(1876년)

  ⓐ 운요호 사건을 빌미로 개항을 요구한 일본과 맺은 조약

  ⓑ 근대에 들어서 우리나라가 외국과 맺은 첫 조약

  ⓒ 일본에 유리한 내용이 많이 담겨 있고, 조선의 권리는 나타나 있지 않은 불평등 조약

> **바로바로 확인 ▶▶**
>
> 부산, 인천, 원산을 개항하게 된 일본과 맺은 불평등 조약은 무엇인가?
> ① 부산 조약 ② 인천 조약
> ③ 원산 조약 ❹ 강화도 조약

(5) 임오군란(1882년)

① **원인** : 신식 군인(별기군)은 좋은 대우를 받았으나 구식 군인은 1년 이상 쌀 배급을 받지 못하자 구식 군인들이 난을 일으켰다.

② **경과**

 ㉠ 구식 군인들이 포도청과 의금부를 습격하고 무기를 빼앗아 일본 공사관으로 쳐들어가자 일본인들은 일본으로 도망갔다.

 ㉡ 조선에 대한 간섭을 노리던 청나라가 군대를 보내어 난을 진압하였다.

③ **결과** : 조선은 다시 청나라의 간섭을 받고, 나라의 자주권이 위협받게 되었다.

(6) 갑신정변(1884년)

① 배경 : 청나라의 간섭이 심해지면서 뜻을 펴기 어려워진 개화파들(김옥균 등)은 일본의 힘을 빌려 자신들의 주장을 이루고자 하였다.

② 세력

온건 개화파	동도서기론에 입각한 점진적인 개혁을 추구하였으며, 청과의 전통적인 외교 관계를 중시하였다. → **대표적인 인물 : 김홍집, 어윤중, 김윤식 등**
급진 개화파	청과의 사대 관계를 청산하고 서양의 기술과 사상, 제도까지 적극적으로 도입하자고 주장하였다. → **대표적인 인물 : 김옥균, 홍영식, 박영효 등**

③ 경과

    ㉠ 우정국 개국 축하 잔치를 틈타 개화파들이 정변을 일으킴

    ㉡ 14개조의 개혁안을 내세움

    ㉢ 청군의 반격을 받게 되고 일본이 철수하면서 3일 만에 실패로 끝남

④ 결과 : 청나라의 간섭이 더욱 심해졌다.

(7) 동학 농민 운동(1894년)

① 원인 : 탐관오리들의 횡포가 계속되면서 농민들의 생활이 어려워지자 동학이 농촌을 중심으로 퍼져 나갔다.

② 경과

    ㉠ 전라도 지방에서 전봉준과 농민들이 봉기하였다.

    ㉡ 조정이 청나라에 구원병을 요청하자 일본도 군대를 파견하였다.

갑신정변의 개혁안(일부)

- 청나라에 바치던 조공을 폐지함
- 능력에 따라 관리를 임명함
- 부정한 관리 중 죄가 심한 자는 처벌함
- 신분 제도를 폐지함
- 관리의 부정을 막고 백성을 보호함

ⓒ 동학 농민군은 청군과 일본군의 철수를 주장하며 스스로 해산하였다.

ⓔ 청과 일본은 이를 받아들이지 않고 청·일 전쟁을 벌였다.

ⓜ 전쟁에서 승리한 일본이 조선의 정치에 간섭하자 동학 농민군은 다시 일어났다.

ⓑ 동학 농민군은 일본군과 치열한 전투를 벌였으나 결국 패하였다.

③ 결과 : 중국과 일본의 군대가 진압에 가담하고 동학 농민 운동의 지도자였던 전봉준이 처형되었다.

④ 의의 : 동학 농민군의 뜻은 의병 항쟁으로 이어졌다.

(8) 갑오개혁(1894년) 중요⁺

① 배경 : 동학 농민 운동과 청·일 전쟁 이후 조선은 나라의 낡은 제도를 없애고 근대 국가로 발돋움하기 위하여 개혁을 실시하였다.

② 전개

　ⓐ 갑오개혁은 정치, 경제, 사회 등 각 부분의 제도 개혁을 통해 유교 중심의 조선 사회를 근대 사회로 바꾸기 위한 노력이었다.

　ⓑ 신분 제도가 폐지되고 세금을 법으로 정하여 관리들이 횡포를 부리지 못하게 하였다.

> **바로로 확인 ▶▶**
>
> 우리나라가 근대 국가로 발전하는 계기가 된 것은?
> ❶ 갑오개혁　　② 갑신정변
> ③ 동학혁명　　④ 임오군란

알아두기

갑오개혁의 주요 내용

- 청나라에 의존하지 않고 자주독립의 기초를 세운다.
- 과거 제도를 폐지하고, 능력 위주로 관리를 뽑는다.
- 신분 제도를 없앤다.
- 세금을 모두 법으로 정하고 그 이상 거두지 못한다.
- 백성을 함부로 가두거나 벌하지 말며, 백성의 생명과 재산을 보호한다.
- 도량형을 통일한다.

③ 의의 : 조선을 근대적으로 바꾸려는 시도였다.

④ 한계 : 성급하게 실시되어 준비가 부족했고 주도 세력이 일본에 의존하여 국민들의 반발을 초래하였다.

2 일제의 침략과 광복을 위한 노력

(1) 대한 제국과 독립 협회

① 을미사변(1895년)

원인	• 청·일 전쟁에서 승리한 일본이 조선 정치에 간섭하였다. • 명성 황후가 친일파를 몰아내고 친러파를 등용하자 일본의 영향력이 약해졌다.
경과	일본은 경복궁에 침입하여 명성 황후를 시해하였다.
결과	을미사변 후 생명의 위협을 느낀 고종은 러시아 공사관으로 옮겨 갔다. → 아관파천(당시 러시아가 일본과 대립하고 있었고, 강대국이었기 때문에 일본이 어찌 할 수 없을 것이라고 믿었기 때문임)

② 독립 협회(1896년) : 서재필은 나라의 독립을 지키려면 국민의 애국심과 자주정신이 필요하다고 생각하여 독립신문을 창간하고 독립 협회를 만들었다.

③ 대한 제국 선포(1897년)

　㉠ 독립 협회를 중심으로 자주독립에 대한 열기가 높아지자 고종은 러시아 공사관에서 돌아와 환구단에서 황제 즉위식을 올리고 국호를 대한 제국으로 하였다.

　㉡ 고종은 대한 제국 수립으로 우리나라가 근대적인 자주독립 국가로 출발했음을 세계에 알리고자 하였다.

　㉢ 개혁 정치 : 전기 설비와 철도 부설, 공장과 회사 설립, 전국에 근대 학교 설립, 기술 교육 강조

바로로 확인

다음에서 설명하는 사건은?

> 청일 전쟁 후 고종은 자신의 안전을 지키고 일본의 영향력에서 벗어나고자 러시아 공사관으로 피해 머물렀다.

① 갑신정변　　　② 을미사변
❸ 아관파천　　　④ 을사늑약

(2) 을사늑약(을사조약)과 항일 의병

① 을사늑약(1905년) 중요+

배경	• 대한 제국은 서양의 나라들과 외교 활동을 하여 자주권을 지키기 위해 노력했다. • 대한 제국은 러시아와의 전쟁(러일 전쟁)에서 승리한 일제의 간섭을 점점 더 많이 받게 되었다.
과정	고종이 완강히 거부했음에도 일제의 특사로 대한 제국에 온 이토 히로부미는 궁궐을 포위한 상태에서 5명의 친일파 대신(이완용, 박제순, 이지용, 이근택, 권중현)을 앞세워 을사늑약을 체결하였다. 이로써 대한 제국의 외교권을 일본에 빼앗기고 만다.
고종 황제의 대응과 결과	• 고종은 을사늑약이 무효임을 국제 사회에 알리고자 했지만 성과를 거두지 못했다. • 일제는 고종을 강제로 물러나게 하고 대한 제국의 군대도 해산했다.

을사오적 : 구한말에 을사조약 체결에 가담한 다섯 대신. 외부대신 박제순, 내부대신 이지용, 군부대신 이근택, 학부대신 이완용, 농상공부대신 권중현을 일컬음

② 항일 의병 운동

을미사변 · 단발령 실시 이후	• 을미사변과 단발령에 반발한 지방 유생들과 농민들을 중심으로 의병이 일어났다. • 단발령이 취소되고 고종이 해산명령을 내리자 의병은 스스로 해산한다.
을사늑약 체결 이후	• 을사늑약의 폐기를 요구하며 격렬한 무장 투쟁을 전개하였다. • 농민들도 적극적으로 참여하면서 신돌석과 같은 평민 출신 의병장들이 등장하였다.
고종 황제 강제 퇴위, 대한 제국의 군대 해산 이후	• 다양한 신분(양반, 농민, 군인, 노비, 상인, 승려, 포수 등)과 직업을 가진 사람들이 전국 각지에서 의병에 참여하였다. • 일본군은 의병 운동을 저지하기 위해 의병 부대를 도와주는 마을을 불태우고 주민들을 학살하였으며, 살아남은 의병들은 만주나 연해주로 이동해 항일 투쟁을 계속 했다.

③ 안중근의 나라를 지키기 위한 노력

　㉠ 일제의 간섭으로 우리나라가 어렵게 되자 국권을 회복하고 근대 국가를 건설하고자 애국 신념을 바탕으로 민족의 힘과 실력을 양성하도록 국민을 가르쳐서 깨우치려 애국 계몽 운동을 했다.

　㉡ 고종이 강제로 퇴위한 이후 민족 위기감을 느낀 안중근은 국내 계몽 운동만으로는 나라를 지킬 수 없다고 생각하고 망명을 결심했다.

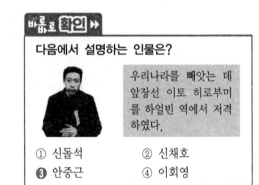

바로 확인 ▸▸

다음에서 설명하는 인물은?

우리나라를 빼앗는 데 앞장선 이토 히로부미를 하얼빈 역에서 저격하였다.

① 신돌석　② 신채호
❸ 안중근　④ 이회영

　㉢ 북간도를 거쳐 연해주에 도착해 한인 마을을 다니며 계몽 운동을 했고, 의병을 조직해 국내 진입 작전을 펼쳤다.

　㉣ 우리나라 침략에 앞장섰던 이토 히로부미를 하얼빈에서 사살하여(1909년) 민족 독립의 의지를 보여 주었다.

④ **언론 활동** : 황성신문, 대한매일신문 등은 일제의 침략을 폭로하고 국민을 계몽하며 항일 의식을 높였다.

 더 알아두기

애국 계몽 운동

• **교육 활동**
　- 계몽 운동가들은 학교를 세워 민족정신과 민족의식을 키우고자 하였다.
　- 사립학교들이 전국 각지에 세워졌고 교육 구국 운동의 중심이 되었다.
　- 안창호와 이승훈은 대성 학교와 오산 학교를 세웠고 강연회를 열거나 책을 발행하여 국민을 계몽하였다.

• **국채 보상 운동** 중요⁺
　일본에 진 나라 빚을 국민의 힘으로 갚자는 운동이 대구에서 일어나 전국적으로 확산되었다.

(3) 일제의 식민 통치에 고국을 떠난 사람들

① 일제의 식민 통치 : 대한 제국은 사라지고 우리 민족은 나라를 **빼앗긴** 채 일제의 식민 통치를 받게 되었다.

  ㉠ 일제는 조선 총독부를 설치하여 우리 민족을 강압적으로 통치하였다.

용어설명 조선 총독부 : 일제가 우리나라를 지배하기 위해 설치하였던 최고의 행정 관청으로 입법, 사법, 군사권 등 절대적 권한을 가진 식민 통치 기구

  ㉡ 일제는 헌병 경찰과 헌병 보조원을 전국적으로 배치하여 우리 민족을 탄압하였다.

  ㉢ 교사들에게도 제복을 입고 칼을 차도록 하였다.

  ㉣ 우리 민족의 모든 정치 활동과 민족 신문의 발행이 금지되었다.

  ㉤ 집회와 결사의 자유 같은 기본권도 **빼앗겼다.**

  ㉥ 여러 애국 운동 단체가 해산되고 수많은 애국지사가 체포되거나 투옥되었다.

② 일제의 경제 수탈 정책과 영향

  ㉠ 토지 조사 사업

    ⓐ 토지를 가진 사람은 주인으로 인정받기 위해 토지의 주인, 가격, 모양과 크기 등을 정해진 날까지 신고해야 했다.

    ⓑ 신고 되지 않은 토지를 국유지로 정한 후, 동양 척식 주식회사에 넘겨 일본인에게 헐값으로 팔았다.

바로로 확인 ▶▶

일본이 우리나라를 강제로 합병한 후 우리 민족을 탄압한 내용이 **아닌** 것은?

① 측량을 미끼로 토지 조사를 실시하여 농토를 빼앗았다.

② 우리의 곡식을 공출이라는 이름으로 일본으로 싣고 갔다.

❸ 이름과 성은 바꾸지 않고, 신사참배만 강요하였다.

④ 조선 총독이 권력을 쥐고 강압으로 다스렸다.

도산 안창호(1878~1938) 중요⁺

• 을사조약 소식을 듣고 귀국하여 신민회를 만들고 대성 학교를 세워 계몽 활동을 하였다.

• 나라의 독립을 위해서는 인재를 길러 내는 것이 중요함을 주장하면서 교육에 힘쓰면서 나라의 힘을 키우고자 하였다.

용어설명 동양 척식 주식회사 : 일제가 설립한 회사로 조선 총독부로부터 넘겨받은 토지를 일본인에게
　　　　　싼값에 되팔아 일본인의 한국 정착을 도왔다.

　　　ⓒ 토지 조사 사업 이후 자신의 땅에서 쫓겨난 농민들이 늘어났고 비싸진 토지 사
　　　　용료와 늘어난 세금 부담 때문에 농민들의 생활은 더욱 어려워졌다.

　　ⓛ 산미 증식 계획 : 쌀의 생산량을 늘리는 정책

　　ⓒ 일제는 우리나라에 회사를 세우려면 조선 총독부의 허가를 받도록 하였다.

③ **일제의 식민 통치에 대한 반발** : 일제의 탄압과 수탈로 한반도를 떠나 만주와 연
　　해주 등 국외로 떠나는 사람들이 늘어났고, 국내 활동이 어려워진 독립운동가들
　　역시 다른 나라로 건너가 활동을 이어나갔다.

(4) 3 · 1 운동

① **3 · 1 운동의 배경**

　　㉠ 무력 탄압 : 일본의 무력 탄압으로 항일 정신이 높아졌다.

　　ⓛ 2 · 8 독립 선언 : 1919년 2월 8일 일본의 한국 유학생들이 한국의 독립을 선
　　　언하였다.

　　ⓒ 민족 자결주의 : 한 나라의 주권은 그 나라의 국민 스스로가 해결해야 된다는
　　　미국의 윌슨 대통령의 주장이 영향을 주었다.

② **3 · 1 운동의 과정**

　　㉠ 독립 선언서 발표 : 1919년 3월 1일 민족 대표 33인이 모여 독립 선언식을
　　　가졌다.

　　ⓛ 같은 시각 학생과 시민들은 탑골 공원에 모여 독립 선언서를 낭독하고 태극기
　　　를 흔들며 독립 만세 운동을 벌였다.

　　ⓒ 독립 만세 운동은 전국과 국외까지 퍼져 나갔다.

③ **영향**

　　㉠ 우리 민족의 독립 운동은 국내외에서 더욱 다양하게 전개되었다.

　　ⓛ 독립운동가들은 효과적 독립운동을 전개하기 위하여 중국 상해에 대한민국 임
　　　시 정부를 수립하였다.

(5) 대한민국 임시 정부 중요⁺

① 수립 : 3·1 운동을 전후로 국내외 7개의 임시 정부가 만들어졌는데, 독립을 위한 힘을 하나로 모으기 위해 통합 정부를 수립하려고 노력하였다. → 1919년 9월 중국 상하이를 거점으로 대한민국 임시 정부가 수립되었다.

② 활동 : 비밀 연락망을 조직하여 독립운동 자금을 모았고, 김구의 한인 애국단 조직, 한국 광복군 창설, 민주주의 정치 체제 구축 등

(6) 무장 독립운동

① 민족 지도자들은 일제의 탄압을 피해 간도와 연해주 등지로 독립운동의 활동 무대를 옮겼다.

② 독립군 기지를 건설하고 독립군 부대를 조직하였으며 민족 교육 운동을 펼쳐 민족의 힘을 길렀다.

③ 독립군 부대의 활약

㉠ 봉오동 전투(1920년) : 홍범도 장군은 독립군 부대가 주둔하고 있는 봉오동을 습격한 일본군을 맞아 큰 승리를 거두었다.

㉡ 청산리 대첩(1920년) : 김좌진 장군은 청산리 일대에서 일본군을 크게 물리쳤다.

(7) 이봉창과 윤봉길 의사의 의거

① 이봉창 의사 : 일본 도쿄에서 일본 국왕을 향해 폭탄을 던졌으나 실패하였다(1932년).

② 윤봉길 의사 : 중국 상해에서 열린 일본군의 상해 점령 축하 기념식장에 물통과 도시락 모양으로 만든 폭탄을 던졌다(1932년).

 알아두기

한인 애국단 중요⁺

김구를 중심으로 1931년 중국 상해에서 조직된 항일 독립운동 단체로, 일본의 주요 인물들을 제거하여 독립운동의 성과를 올리려는 목표를 가진 비밀 조직이었다.

(8) 나라를 되찾으려는 다양한 노력

① 이윤재, 최현배 등 : 조선어 학회를 조직하여 한글 연구 및 강습회 개최를 통해 한글 보급에 앞장섰다.

② 박은식 : 우리나라 역사에 관한 책을 써서 우리 민족에게 독립에 대한 의지를 심어 주고자 하였다.

③ 신채호 : 역사책을 써서 우리 민족의 우수성을 알리고 우리 역사의 주인이 우리 민족임을 강조하였다.

④ 문학 : 한용운, 심훈, 윤동주 등은 민족이 처한 아픔과 독립을 바라는 간절한 마음을 작품에 표현하였다.

> **바로 확인**
>
> 우리 조상들이 일제의 침략으로부터 나라를 지키기 위해 한 일과 **관계없는** 것은?
> ① 의병 활동　　② 국채 보상 운동
> ❸ 을사조약　　④ 역사 · 국어 연구

⑤ 예술 : 나운규는 우리 민족의 아픔과 고통을 영화 '아리랑'에 담아 감동을 주었다.

(9) 일제의 식민 지배

① 일본의 민족 말살 정책

　㉠ 한글 사용 금지

　㉡ 창씨개명 : 성과 이름을 일본식으로 바꾸도록 하였다.

　㉢ 신사 참배 : 전국 각지에 일본 신사를 세워 절을 하도록 강요하였다.

② 전쟁에 동원된 우리나라

　㉠ 중 · 일 전쟁과 태평양 전쟁을 일으킨 일제는 전쟁에 필요한 사람과 물자를 우리나라에서 강제로 동원하였다.

용어 설명 태평양 전쟁 : 1941년부터 1945년까지 일본과 미국, 영국, 중국 등의 연합국 사이에 벌어진 전쟁

　㉡ 군수 공장을 건설하고 무기를 만들기 위해 지하자원 및 금속 제품(학교 철문, 교회의 종, 놋그릇 등)을 강제로 가져갔다.

　㉢ 식량이 될 만한 것은 모두 거두어 갔다.

　㉣ 학생들과 청년들을 전쟁터로 끌고 갔다.

ⓜ 사람들을 탄광, 군수 공장, 공사장에 데려가 혹독하게 일을 시켰다.

ⓗ 젊은 여성들은 일본군 '위안부'로 전쟁터에 끌고 가 많은 고통을 당하였다.

용어설명▶ 일본군 '위안부' : 일본 군인을 위해 강제로 동원되어 성적인 노예 생활을 해야만 했던 여성을 말한다.

3 대한민국 정부의 수립과 6·25 전쟁

(1) 8·15 광복과 한반도 분단의 과정

① 독립을 위해 노력한 민족 지도자들의 활동

ㄱ 국내 : 건국 동맹을 조직하여 건국을 위한 준비를 하였다.

ㄴ 상해 임시 정부 : 광복군을 훈련시켜 국내로 투입하려는 계획을 진행하였다.

② **8·15 광복** : 1945년 8월 15일 우리나라는 일제 35년간의 지배에서 벗어나 광복을 맞이하였다.

③ **국토 분단** : 새로운 정부의 수립에 대한 다양한 생각을 하나로 모으지 못하자 북위 38도선을 경계로 남쪽에는 미군이, 북쪽에는 소련군이 주둔하게 되었다.

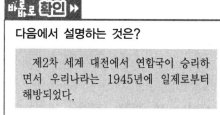

바름로 확인▶

다음에서 설명하는 것은?

　제2차 세계 대전에서 연합국이 승리하면서 우리나라는 1945년에 일제로부터 해방되었다.

❶ 8·15 광복　　② 5·10 총선거
③ 6·25 전쟁　　④ 6월 민주 항쟁

④ **모스크바 3국 외상 회의** : 1945년 12월 미국, 소련, 영국 세 나라는 소련 모스크바에서 회의를 열어 임시 정부를 먼저 수립하고 미국, 소련, 영국, 중국 등 4개국이 임시 정부와 협의한 다음 신탁 통치를 실시하도록 결정하였다.

용어설명▶ 신탁 통치 : 특정 국가가 일정 지역을 대신 통치하는 제도로, 제2차 세계 대전 이후 국제 연합(UN)도 신탁 통치 제도를 도입하였다.

⑤ **신탁 통치 반대 운동** : 우리나라의 자주적인 정부 수립이 늦어질 것으로 판단한 다수의 국민과 지도자들은 반대 운동을 전개하였다.

⑥ **미·소 공동 위원회 조직** : 우리나라의 정부 수립과 관련한 논의를 진행하였으나 서로 생각이 다른 사람들의 의견 충돌로 통일 정부를 수립하는 일이 어려워졌다.

(2) 대한민국 정부 수립

① 통일 정부가 수립되지 못한 이유 : 국제 연합의 감시하에 남북한 총선거를 실시하여 통일 정부를 수립하도록 결정하였으나 북한이 거부하였다.

② 대한민국 정부의 수립 중요⁺

5·10 총선거	• 남한에서는 1948년 5월 10일, 최초로 민주적인 절차에 의해 제헌 국회 의원이 선출되었다. • '대한민국은 민주 공화국이며, 대한민국의 주권은 국민에게 있음'을 확인하는 역사적인 선거였다.
헌법 공포	7월 17일에 헌법이 공포되고 헌법이 정한 절차에 따라 이승만이 대통령으로 당선되었다.
대한민국 정부 수립	8월 15일에 대한민국 정부 수립

용어 설명 대한민국 정부 수립 과정 : 8·15 광복 → 미군과 소련군의 남북 분할 주둔 → 모스크바 3국 외상 회의 개최 → 신탁 통치 반대 운동 → 미·소 공동 위원회의 개최 → 남북한 총선거 실시에 대한 국제 연합의 결정 → 5·10 총선거 → 대한민국 정부 수립

(3) 6·25 전쟁 중요⁺

바로바로 확인 ▶▶
> **대한민국의 초대 대통령은 누구인가?**
> ① 안창호　　　② 조만식
> ③ 김일성　　　❹ 이승만

① 전개 과정

　㉠ 1950년 6월 25일, 북한은 남한을 무력으로 통일하기 위해 침략하였다. 소련과 중국의 도움으로 군사력이 앞섰던 북한군의 공격을 막아 내지 못하고 국군은 낙동강 이남까지 후퇴하였다.

　㉡ 국제 연합은 미국을 중심으로 16개국이 참여한 국제 연합군을 우리나라에 파견하였다.

　㉢ 인천 상륙 작전(1950년 9월 15일)을 계기로 국군과 국제 연합군은 북한 지역 대부분을 장악한 후 압록강까지 진격하였다.

　㉣ 중국군이 북한군을 도와 전쟁에 개입하자 국군과 국제 연합군은 후퇴하였다.

　㉤ 1953년 7월 남과 북은 휴전하였다.

② 결과

  ㉠ 많은 사람이 죽거나 다쳤다.

  ㉡ 이산가족과 전쟁고아가 발생하였다.

  ㉢ 국토가 황폐해졌다.

  ㉣ 건물, 도로, 철도, 다리 등이 파괴되어 복구하는 데 많은 시간과 비용이 요구되었다.

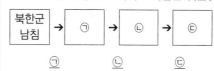

6 · 25 전쟁 과정을 순서대로 나열한 것은?

북한군 남침 → ㉠ → ㉡ → ㉢

㉠	㉡	㉢
① 중국군 참전 →	정전 협정 →	인천 상륙 작전
② 중국군 참전 →	인천 상륙 작전 →	정전 협정
❸ 인천 상륙 작전 →	중국군 참전 →	정전 협정
④ 인천 상륙 작전 →	정전 협정 →	중국군 참전

4 민주주의 발전을 위한 노력

(1) 4 · 19 혁명 중요⁺

① 원인 : 이승만 정권의 부패와 3 · 15 부정 선거

② 과정

  ㉠ 3 · 15 부정 선거 : 옳지 못한 방법으로 선거를 하여 이승만을 대통령으로 선출시키려 하였다.

  ㉡ 경남 마산에서 시작하여 전국적인 부정 선거 무효 시위가 일어났다.

③ 결과 : 이승만 대통령이 물러나고 새로운 정부가 들어섰다.

4 · 19 혁명이 우리에게 주는 교훈은 무엇인가?

① 소수의 정치인에 의해서 정치는 발전된다.

❷ 국민의 자유와 권리를 존중하고 보호해야 한다.

③ 자기 이익을 위해서 법과 질서를 무시해도 된다.

④ 선진국의 민주주의 제도를 모방하여 실시한다.

더 알아두기

5 · 16 군사 정변

  4 · 19 혁명 이후 들어선 새 정부를 1961년 5 · 16 군사 정변을 일으켜 무너뜨리고 1963년 대통령으로 선출된 박정희 대통령은 1972년 비상계엄을 선포하고 유신 헌법을 통과시켰지만 1979년 김재규가 쏜 총에 사망하면서 유신 체제도 막을 내렸다.

④ 의의

㉠ 민주적인 절차나 과정을 무시한 정권을 국민이 나서서 바로잡은 사건

㉡ 독재 정치를 그만두고 국민의 어려운 경제 형편을 개선하기 위해 노력해 달라는 요구

(2) 5 · 18 민주화 운동 → 1980년 광주에서 일어난 민주화 시위

① 원인 : 박정희 대통령이 죽은 후 전두환을 중심으로 일부 군인들이 정변을 일으켰다.

② 과정

㉠ 1980년 초부터 민주주의를 요구하는 시민과 대학생들의 시위가 전국적으로 일어났다.

㉡ 전두환은 비상계엄을 확대하여 정치인과 시민들을 체포하였다.

㉢ 1980년 광주에서 계엄군에 의해 많은 시민이 죽거나 다치는 비극이 발생하였다.

> **바로로 확인 ≫**
>
> **다음에서 설명하는 것은?**
>
> 1980년 5월 광주에서 일어난 민주화 운동이다. 이와 관련된 기록물은 2011년 유네스코 세계 기록 유산으로 등재되었다.
>
> ① 갑신정변 ② 임진왜란
> ③ 동학 농민 운동 ❹ 5 · 18 민주화 운동

③ 의의 : 민주주의를 지키기 위해 독재에 항거한 시민 운동

(3) 6월 민주 항쟁 군사 정권의 권력 유지 시도를 저지하고 민주화를 이룬 사건

① 배경 : 군사 정변으로 정권을 잡은 전두환은 대통령이 된 후 언론을 통제하고 민주주의를 요구하는 사람들을 탄압하였다.

② 과정

㉠ 1987년 6월 민주화를 요구하는 시위가 전국에서 일어났다.

㉡ 군사 독재를 끝내고 민주 헌법을 만들자는 학생과 시민의 목소리는 국민의 호응을 받았고 당시 대통령 후보였던 노태우가 국민의 요구를 받아들이겠다고 발표하였다.

③ 결과 : 대통령 직선제가 선택되었다.

(4) 평화적 정권 교체, 민주주의의 발전

① **평화적 정권 교체** : 1987년 6월 민주 항쟁을 거치면서 대통령 직접 선거의 내용을 담은 '6·29 민주화 선언'이 이루어졌고, 1990년대에는 평화적인 정권 교체가 이루어졌다.

② **민주주의의 발전** : 풀뿌리 민주주의의 실현, 지방 자치 제도(1995년), 호주제의 폐지(2008년)

바로바로 확인

㉠에 알맞은 것은?

> (㉠)은/는 대통령 직선제, 언론의 자유 보장, 지방 자치제 시행, 지역감정 없애기 등의 내용을 담고 있다.

① 3·1 독립 선언서
② 유신 헌법
❸ 6·29 민주화 선언
④ 남북 기본 합의서

03 사회의 새로운 변화와 오늘날의 우리

01 영조와 정조는 붕당의 폐단을 없애기 위해 탕평책을 실시하였다.

02 실학은 백성들이 잘살 수 있도록 실생활에 도움이 되는 것을 연구하는 학문이다.

03 유형원은 반계수록을 통해 토지 제도의 개혁을 주장하였다.

04 대동여지도는 김정호가 1861년에 목판으로 제작한 우리나라 전국 지도이다.

05 조선 후기에 한글을 익힌 사람들이 늘어나면서 『홍길동전』 등 한글 소설이 널리 보급되었다.

06 세도 정치로 약해진 조선을 개혁하여 강한 나라로 만들고자 개혁 정치를 펼친 사람은 흥선 대원군이다.

07 병인양요는 천주교 신자 박해를 이유로 통상을 요구하며 강화도를 침략한 프랑스를 물리친 사건이다.

08 부산, 인천, 원산을 개항하게 된 일본과 맺은 불평등 조약은 강화도 조약이다.

09 나라의 낡은 제도를 없애고 근대 국가로 발돋움하기 위하여 개혁을 실시한 것은 갑오개혁이다.

10 청일 전쟁 후 고종은 자신의 안전을 지키고 일본의 영향력에서 벗어나고자 러시아 공사관으로 피해 머무른 사건은 아관파천이다.

11 서재필은 나라의 독립을 지키려면 국민의 애국심과 자주정신이 필요하다고 생각하여 독립신문을 창간하고 독립 협회를 만들었다.

12 안중근은 우리나라를 빼앗는 데 앞장선 이토 히로부미를 하얼빈 역에서 저격하였다.

13 국채 보상 운동은 일본에 진 나라 빚을 국민의 힘으로 갚자는 운동이 대구에서 일어나 전국적으로 확산되었다.

14 안창호는 을사조약 소식을 듣고 귀국하여 신민회를 만들고 대성 학교를 세워 계몽 활동을 하였다.

15 대한민국 임시 정부는 3·1 운동 직후인 1919년 4월 중국 상하이에서 조직하였다.

16 한인 애국단은 김구를 중심으로 1931년 중국 상해에서 조직된 항일 독립운동 단체이다.

17 8·15 광복은 제2차 세계 대전에서 연합국이 승리하면서 우리나라는 1945년에 일제로부터 해방된 것이다.

18 6·25 전쟁 과정 : 북한군 남침 → 인천 상륙 작전 → 중국군 참전 → 정전 협정

19 4·19 혁명은 이승만 정권의 부패와 3·15 부정 선거로 발생했다.

20 1980년 5월 광주에서 일어난 민주화 운동으로, 유네스코 세계 기록 유산으로 등재된 것은 5·18 민주화 운동이다.

21 6·29 민주화 선언은 대통령 직선제, 언론의 자유 보장, 지방 자치제 시행, 지역 감정 없애기 등의 내용을 담고 있다.

실전 예상 문제

01 조선 후기에 다음과 같은 개혁 정책을 실시한 사람은?

> • 인재 등용
> • 세도 정치 타파
> • 서원 철폐
> • 양반에게 세금 부과

① 최제우
② 흥선 대원군
③ 세조
④ 공민왕

02 조선 후기에 '김정호'가 만든 지도는?

기출
① 효자도
② 대동여지도
③ 백수백복도
④ 곤여만국전도

03 3·1 운동이 일어나자 일제는 우리 민족에게 어떤 태도를 보였는가?

① 무력으로 독립 운동을 탄압하였다.
② 잘못을 반성하였다.
③ 평화적으로 저지하였다.
④ 독립 운동을 인정하였다.

04 학교를 세워 젊은이들을 교육하고, 흥사단을 조직하여 독립 정신을 일깨운 사람은?

① 서재필
② 주시경
③ 안창호
④ 조만식

01
흥선 대원군의 개혁 정치 : 서원 철폐, 인재 등용, 경복궁 증건, 재정 확보

02
대동여지도 : 김정호가 1861년에 목판으로 제작한 우리나라 전국 지도로, 실제 생활에 이용될 수 있도록 산과 강, 도로 등을 자세하게 나타내었다.

03
일제는 수많은 사람을 죽이고 탄압하였다.

04
안창호의 호는 도산이고 점진 학교를 세워 교육에 힘을 기울였고 흥사단을 조직하였다.

ANSWER
01. ② 02. ② 03. ① 04. ③

05 6·25 전쟁의 결과로 옳지 <u>않은</u> 것은?

① 많은 민간인들이 죽거나 다쳤다.

② 국토가 황폐해졌다.

③ 남북한이 통일을 이루었다.

④ 이산가족이 발생하였다.

05

6·25 전쟁은 남북한 모두에게 잊지 못할 상처를 남겼고 남북한이 평화적으로 통일을 이루는 일은 민족의 과제로 남겨졌다.

06 다음 중 서재필이 세운 단체는 무엇인가?

① 한인 애국단   ② 흥사단

③ 신간회   ④ 독립 협회

06

서재필은 나라의 독립을 지키려면 국민의 애국심과 자주정신이 필요하다고 생각하여 독립신문을 창간하고 독립 협회를 만들었다.

07 '국채 보상 운동'에 대한 설명으로 바른 것은?

기출

① 민족 사상 운동이다.

② 1900년 서울에서 시작되었다.

③ 외국과의 무역 활동을 활발하게 하기 위해 실시된 운동이다.

④ 일본에 진 빚을 갚기 위한 모금 운동에 동참하였다.

07

국채 보상 운동 : 일본에 진 나라 빚을 국민의 힘으로 갚자는 운동이 대구에서 일어나 전국적으로 확산되었다.

08 다음 대화에서 설명하는 사람은?

기출

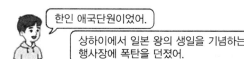

① 윤봉길   ② 정약용

③ 신사임당   ④ 흥선대원군

08

한인 애국단 소속이었던 윤봉길 의사는 중국 상해에서 열린 일본군의 상해 점령 축하 기념식장에 물통과 도시락 모양으로 만든 폭탄을 던졌다(1932년).

※ 한인 애국단

대한민국 임시 정부에서 조직한 항일 독립운동 단체로, 김구 선생을 중심으로 중국 상해에서 일제의 주요 인물을 암살하여 일제의 침략 야욕을 꺾는 것을 목적으로 조직되었다.

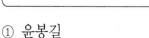

A N S W E R

05. ③ **06.** ④ **07.** ④ **08.** ①

09 다음 중 강화도 조약을 맺게 한 사건은?

① 갑신정변　　　　② 갑오개혁

③ 운요호 사건　　　④ 임오군란

09
조선은 운요호 사건을 빌미로 개항을 요구한 일본과 강화도 조약을 맺었다.

10 5 · 16 군사 정변을 일으키고 1963년 대통령으로 선출된 사람은?

① 김대중　　　　　② 노태우

③ 박정희　　　　　④ 전두환

10
박정희는 1961년 5 · 16 군사 정변을 일으키고 1963년 대통령으로 선출되었다.

11 만주 하얼빈 역에서 우리 민족의 침략에 앞장서는 일본의 이토 히로부미를 총으로 저격한 사람은?

기출

① 김홍집　　　　　② 안중근

③ 신채호　　　　　④ 유관순

11
안중근 의사 : 우리나라 침략에 앞장섰던 이토 히로부미를 하얼빈에서 사살하여(1909년) 민족 독립의 의지를 보여주었다.

12 1987년 6월 민주 항쟁의 결과 나타난 역사적 사건은?

① 5 · 18 민주화 운동　　② 호주제 폐지

③ 지방 자치 제도 시행　　④ 6 · 29 민주화 선언

12
1987년 6월 노동자와 학생, 시민이 주축이 된 6월 민주 항쟁이 일어나 대통령 직접 선거의 내용을 담은 '6 · 29 민주화 선언'을 이끌어 냈다.

13 고종이 조선이 자주 국가임을 국내외에 널리 알리기 위해 바꾼 나라의 이름은 무엇인가?

① 고조선　　　　　② 대한민국

③ 대한 제국　　　　④ 광복군

13
고종은 대한 제국 수립으로 우리나라가 근대적인 자주독립 국가로 출발했음을 세계에 알리고자 하였다.

A N S W E R

09. ③　**10.** ③　**11.** ②　**12.** ④　**13.** ③

14 다음에서 설명하는 것은?
기출

> 1905년 일제는 대한 제국의 외교권을 빼앗는 이 조약을 강제로 체결했다.

① 병자호란   ② 을사늑약

③ 임진왜란   ④ 3 · 1 운동

15 다음의 내용이 원인이 되어 일어난 사건은?

> • 3 · 15 부정 선거
> • 이승만 정권의 장기 집권

① 5 · 18 민주화 운동   ② 5 · 16 군사 정변

③ 4 · 19 혁명   ④ 6월 민주 항쟁

14
을사늑약 : 고종이 완강히 거부했음에도 일제의 특사로 대한 제국에 온 이토 히로부미는 궁궐을 포위한 상태에서 외교권을 빼앗는 조약을 강제로 체결하였다.

15
4 · 19 혁명의 원인 : 이승만의 독재 정치, 3 · 15 부정 선거

ANSWER
14. ②   15. ③

01 농사 도구의 발달로 달라진 사람들의 생활 모습으로 옳지 <u>않은</u> 것은?

① 오늘날에는 농기계를 사용해서 쉽고 편리하게 농사짓게 되었다.

② 옛날보다 오늘날에는 수확하는 곡식과 채소, 과일의 종류와 그 양이 줄었다.

③ 소를 이용해 농사를 짓게 되어 힘을 덜 들이고 논이나 밭을 만들 수 있다.

④ 농사 도구가 발달하면서 한 사람이 농사지을 수 있는 땅이 넓어졌다.

02 신석기 시대부터 정착 생활을 하기 시작하였다고 추측할 수 있는 유물은?

① 동굴벽화   ② 고인돌

③ 돌칼   ④ 움집

03 옛날과 오늘날의 설날에 공통으로 하는 세시 풍속으로 옳지 <u>않은</u> 것은?

① 나쁜 기운을 몰아내고 복을 얻기 위한 다양한 세시 풍속이 있다.

② 묵은해의 일들은 떨쳐버리고 일 년 동안 좋은 일만 생기기를 바라는 기원과 마음을 담아 설빔을 입는다.

③ 차례를 지내고 어른들께 세배하는 풍속이 있다.

④ 송편을 만들어 먹는다.

04 다음 내용에 해당하는 세시 풍속은?

> • 부럼을 깨물면서 1년 동안 무사태평하고 만사가 뜻대로 되라고 기원한다.
> • 쥐불놀이, 달맞이, 놋다리밟기, 지신밟기 등의 세시 풍속이 있다.

① 한식　　　　　② 단오
③ 정월대보름　　④ 동지

05 다음 중 곡식을 수확하는 도구가 발달해 온 순서대로 바르게 나열한 것은?

> ㉠ 탈곡기　　　㉡ 반달돌칼
> ㉢ 콤바인　　　㉣ 철로 만든 낫

① ㉠ → ㉡ → ㉢ → ㉣　② ㉡ → ㉠ → ㉣ → ㉢
③ ㉡ → ㉣ → ㉠ → ㉢　④ ㉢ → ㉡ → ㉠ → ㉣

06 다음 왕들의 공통점은 무엇인가?

> • 장수왕　　　　• 근초고왕
> • 진흥왕

① 영토를 크게 넓힌 왕이다.
② 남쪽으로 수도를 옮긴 왕이다.
③ 일본과의 교류를 확대한 왕이다.
④ 불교를 받아들인 왕이다.

07 다음 중 고려 시대 여성의 삶에 대한 설명으로 옳지 **않은** 것은?

① 부모의 유산은 아들과 딸에게 골고루 분배되었다.

② 결혼 후 남자가 처가에서 사는 것이 일반적이었다.

③ 아들과 딸이 번갈아 제사를 지냈다.

④ 자기 재산을 처리할 수 있는 권리가 없었다.

08 다음 중 고구려에 대한 설명으로 알맞은 것은?

① 중국과 맞서 싸우며 만주와 한반도 북부를 지배하였다.

② 광개토 대왕 때에 수도를 국내성에서 평양으로 옮겼다.

③ 삼국 중 가장 늦게 건국하였다.

④ 고구려 문화는 온화하고 우아한 멋을 풍긴다.

09 몽골과의 항쟁으로 고려인의 자주 정신을 보여 준 군대는?

① 주현군　　　　　② 광군

③ 삼별초　　　　　④ 별무반

10 다음의 업적을 남긴 조선의 왕은 누구인가?

┌─────────────────────────────────┐
　• 영토 확장　　　　• 활자 제작
　• 훈민정음 창제　　• 역사책 보관소 건설
└─────────────────────────────────┘

① 근초고왕　　　　② 세종 대왕

③ 광개토 대왕　　　④ 고이왕

07 딸도 재산 상속에 있어 아들과 똑같은 권리를 가졌으며 자기 재산을 마음대로 처리할 수 있었다.

08 ② 장수왕 때 수도를 평양으로 옮겼다.
③ 건국 순서 : 고구려 → 백제 → 신라
④ 백제

09 삼별초는 고려 왕실이 개경으로 돌아간 후에도 해산을 거부하고 강화도 → 진도 → 제주도로 근거지를 옮겨 몽골군에 맞서 싸웠지만 고려와 몽골의 연합군에 의해 진압되었다. 삼별초의 항전은 우리 민족의 꿋꿋한 기상을 보여 주었다.

10 세종 대왕은 조선의 제4대 왕으로 재위 중 정치·경제·문화면에 훌륭한 치적을 쌓았다.

ANSWER

07. ④　08. ①　09. ③　10. ②

11 고구려, 백제, 신라의 전성기 때에 공통적으로 차지했던 지역은?

① 한강 유역　　　　② 두만강 유역

③ 금강 유역　　　　④ 낙동강 유역

12 발해에 대한 설명 중 옳지 <u>않은</u> 것은?

① 발해는 당나라와 교류하였다.

② 고구려의 장수 대조영에 의해 건국되었다.

③ 신라와는 교통로를 통해 사신을 주고받았다.

④ 발해는 일본의 침입을 받아 멸망하였다.

13 세종 대왕이 우리말을 소리 나는 대로 적을 수 있도록 만든 것으로, 세계 기록 유산으로 등록된 것은?

① 농사직설　　　　② 훈민정음

③ 물시계　　　　　④ 측우기

14 다음 중 고려에 침입한 외적이 <u>아닌</u> 것은?

① 돌궐　　　　　　② 몽골

③ 홍건적　　　　　④ 거란족

15 다음 중 고구려 문화의 특징을 알 수 있는 문화재는?

① 금동 대향로　　　② 불국사

③ 수렵도　　　　　④ 첨성대

16 임진왜란 때 이순신 장군이 왜적과 싸운 전투는?

① 한산 대첩 　　② 진주성 전투

③ 칠천량 해전 　　④ 행주산성 대첩

16
② 김시민 장군
③ 원균 장군
④ 권율 장군

17 다음 중 임진왜란에 대해 바르게 설명한 것은?

① 이순신 장군이 해전에서 많은 승리를 거두었다.

② 세종 대왕이 한글을 만들어서 전쟁이 일어났다.

③ 조선이 먼저 일본을 침략하였다.

④ 원나라의 도움을 얻어서 왜적을 물리쳤다.

17
이순신 장군은 해전에서의 전략이 뛰어나 학인진법을 비롯하여 많은 전투진법을 개발하고 실전에 적용하여 패전 없이 승전을 거듭했다.

18 병자호란에 대한 설명으로 옳지 <u>않은</u> 것은?

① 임진왜란과 함께 백성들에게 많은 고통을 안겨주었다.

② 인조는 강화도에서 항전하였으나 결국은 항복하였다.

③ 조선을 침략한 청은 곧 한양을 점령하였다.

④ 조선은 한양이 함락된 후 곧바로 항복하지 않았다.

18
한양이 함락되자 인조는 남한산성으로 피신하였고 45일 동안 싸움을 계속하던 조선은 결국 청에 항복하였다.

19 의병 활동이 활발하게 전개되는 계기가 되었던 사건은?

① 청산리 전투 　　② 갑오경장

③ 을사조약 　　　④ 국권 상실

19
을사조약이 강제로 맺어지자 우리 민족은 일제의 침략을 규탄하는 을사조약 반대 운동과 일제에 대항한 의병 운동을 전개하였다.

A N S W E R

16. ① 　17. ① 　18. ② 　19. ③

20 일제 강점기에 있었던 주요 사건과 관련 인물을 잘못 연결한 것은?

① 대한민국 임시 정부 – 김구

② 물산 장려 운동 – 안중근

③ 3 · 1 운동 – 유관순

④ 청산리 대첩 – 김좌진

20
물산 장려 운동 : 우리 민족이 만들어 낸 상품을 이용하여 경제적인 힘을 기르기 위한 운동이다.

21 1985년 조선 침략을 위해 일본이 조선의 황후를 시해한 사건은?

① 갑오개혁　　② 임오군란

③ 을미사변　　④ 을사조약

21
을미사변 : 명성 황후가 친일파를 몰아내고 친러파를 등용하자 영향력이 약해진 일본은 조선에서의 불리해진 정세를 되돌려 놓기 위해 경복궁에 침입하여 명성 황후를 시해하였다.

22 서로 관계가 깊은 것끼리 연결된 것은?

① 물산 장려 운동 – 근면, 자조, 협동

② 3 · 1 운동 – 유관순

③ 문맹 퇴치 운동 – 영어 보급

④ 청산리 전투 – 홍범도 장군

22
유관순은 3 · 1 운동에 참여하였고 독립 만세 운동을 하다 서울 서대문 형무소에서 18세의 어린 나이에 순국하였다.
① 민족 경제 자립 실천 운동
③ 한글 보급 : 조선어 연구회
④ 김좌진 장군 – 청산리 대첩, 홍범도 장군 – 봉오동 전투

23 우리나라에서 민주화를 위해 일어난 사건이 아닌 것은?

① 5 · 16 군사 정변　　② 5 · 18 민주화 운동

③ 6월 민주 항쟁　　④ 4 · 19 혁명

23
5 · 16 군사 정변 : 4 · 19 혁명 후 사회 혼란을 구실 삼아 1961년 5월 16일 박정희를 중심으로 한 군인들이 쿠데타를 일으켜 무력으로 정권을 잡은 사건

ANSWER
20. ②　21. ③　22. ②　23. ①

24 다음의 사실과 관련 있는 역사적 사건은?

> • 인천 상륙 작전　　　• 국제 연합군 한국 파견

① 제주도 4·3 사건　　② 광주 학생 항일 운동
③ 청산리 대첩　　　　④ 6·25 전쟁

24
북한이 남한을 무력으로 침략하자 국제 연합은 북한을 침략자로 규정하고 국제 연합군을 우리나라에 파견하였다. 인천 상륙 작전을 계기로 국군과 국제 연합군은 북한 지역 대부분을 장악하고 압록강까지 진격하였다.

25 3·1 운동이 일어난 배경으로 가장 큰 사건은 무엇인가?
① 일본 유학생들의 2·8 독립 선언
② 독립군의 무장 투쟁
③ 일제의 가혹한 무력 탄압
④ 독립을 향한 민족의 단결

25
3·1 운동이 일어난 배경 : 민족 자결주의와 일본 유학생들의 2·8 독립 선언

26 다음의 역사적 사실을 순서대로 나열한 것은?

> ㉠ 4·19 혁명　　　㉡ 6월 민주 항쟁
> ㉢ 5·16 군사 정변　㉣ 5·18 민주화 운동

① ㉠ → ㉡ → ㉢ → ㉣　② ㉠ → ㉢ → ㉣ → ㉡
③ ㉡ → ㉢ → ㉠ → ㉣　④ ㉢ → ㉣ → ㉠ → ㉡

26
4·19 혁명(1960년) → 5·16 군사 정변(1961년) → 5·18 민주화 운동(1980년) → 6월 민주 항쟁(1987년)

27 다음 중 역사적으로 가장 먼저 일어난 사건은?
① 8·15 광복　　　② 6·25 전쟁
③ 대한민국 정부 수립　④ 4·19 혁명

27
① 1945년 8월 15일
② 1950년 6월 25일
③ 1948년 8월 15일
④ 1960년 4월 19일

A N S W E R
24. ④　**25.** ①　**26.** ②　**27.** ①

술술풀리는
초졸 검정고시
사회

2025년 1월 10일	개정판 발행
2012년 1월 19일	초판 발행

편 저 자 검정고시 학원연합회

발 행 인 전 순 석

발 행 처 정훈사

주　　소 서울특별시 중구 마른내로 72, 421호 A

등　　록 제2014-000104호

전　　화 (02) 737-1212

팩　　스 (02) 737-4326